Herbert Mayr

Brandnertal
Mit Großem Walsertal, Klostertal und östlichem Walgau

50 ausgewählte Wanderungen

BERGVERLAG ROTHER GMBH · MÜNCHEN

Umschlagbild:
Das Schesaplanamassiv über dem Talschluss des Brandnertals

Bild im Innentitel (Seite 1):
Die Brandner Mittagspitze vom Berghof Melkboden

Alle 74 Fotos vom Autor.

Kartografie:
50 Wanderkärtchen im Maßstab 1:50.000 / 1:75.000 © Freytag & Berndt, Wien; zwei Übersichtskarten im Maßstab 1:250.000 und 1:500.000 © Freytag & Berndt, Wien.

Die Ausarbeitung aller in diesem Führer beschriebenen Wanderungen erfolgte nach bestem Wissen und Gewissen des Autors.
Die Benützung dieses Führers geschieht auf eigenes Risiko.
Soweit gesetzlich zulässig, wird eine Haftung für etwaige Unfälle und Schäden jeder Art aus keinem Rechtsgrund übernommen.

3., vollständig neu bearbeitete Auflage 2009
© Bergverlag Rother GmbH, München

ISBN 978-3-7633-4035-4

ROTHER WANDERFÜHRER

Abruzzen · Achensee · Algarve · Allgäu 1, 2, 3, 4 · Altmühltal · Andalusien Süd · Aostatal · Appenzell · Arlberg · Außerfern · Auvergne · Azoren · Bayerischer Wald · Berchtesgaden · Bergisches Land · Berlin · Bern · Berner Oberland Ost, West · Bodensee Nord, Süd · Bodensee-Rätikon · Böhmerwald · Bolivien · Bozen · Bregenzerwald · Brenta · Bretagne · Cevennen · Chiemgau · Chiemsee · Chur · Cinque Terre · Comer See · Cornwall-Devon · Costa Blanca · Costa Brava · Costa Daurada · Costa del Azahar · Côte d'Azur · Dachstein-Tauern · Dauphiné Ost, West · Dänemark-Jütland · Davos · Dolomiten 1, 2, 3, 4, 5, 6 · E5 Konstanz-Verona · Ecuador · Eifel · Eisenwurzen · Elba · Elbsandstein · Elsass · Ober-, Unterengadin · Erzgebirge · Fichtelgebirge · Fränkische Schweiz · Friaul-Julisch Venetien · Fuerteventura · Gardaseeberge · Garhwal – Zanskar – Ladakh · Gasteinertal · Genfer See · Gesäuse · Glarnerland · Glockner-Region · La Gomera · Gran Canaria · Grazer Hausberge · Gruyère-Diablerets · Hamburg · Harz · Hawaii · El Hierro · Hochkönig · Hochschwab · Hohenlohe · Hunsrück · Ibiza · Innsbruck · Irland · Isarwinkel · Island · Istrien · Italienische Riviera · Französischer Jakobsweg Le Puy-Pyrenäen, Straßburg-Le Puy · Spanischer Jakobsweg · Südwestdeutsche Jakobswege · Julische Alpen · Jura, Französischer · Jura, Schweizer · Kaiser · Kapverden · Kärnten · Karwendel · Kaunertal · Kitzbüheler Alpen · Korfu · Korsika · Korsika - GR 20 · Kraichgau · Kreta Ost, West · Kurhessen · Lago Maggiore · Languedoc-Roussillon · Lanzarote · Lappland · Lungau · Luxemburg-Saarland · Madeira · Mallorca · Marken-Adriaküste · Mecklenburgische Seenplatte · Meran · Montafon · Mont Blanc · Montenegro · Mühlviertel · München · Münsterland · Golf von Neapel · Neuseeland · Neusiedler See · Nockberge · Norische Region · Normandie · Norwegen Süd · Oberpfälzer Wald · Odenwald · Ossola-Täler · Ost-Steiermark · Osttirol Nord, Süd · Ötscher · Ötztal · La Palma · Pfälzerwald · Picos de Europa · Piemont Nord, Süd · Pinzgau · Pitztal · Pongau · Portugal Nord · Provence · Pyrenäen 1, 2, 3, 4 · La Réunion · Rheinhessen · Rheinsteig · Rhodos · Rhön · Riesengebirge · Rom-Latium · Rügen · Ruhrgebiet · Salzburg · Salzkammergut · Samos · Sardinien · Sauerland · Savoyen · Schwäbische Alb Ost, West · Schwarzwald Nord, Süd · Schweden Süd und Mitte · Seealpen · Seefeld · Sierra de Gredos · Sierra de Guadarrama · Sizilien · Spessart · Steigerwald · Steirisches Weinland · Sterzing · Stubai · Stuttgart · Südafrika West · Surselva · Tannheimer Tal · Tasmanien · Hohe Tatra · Hohe Tauern Nord · Tauferer Ahrntal · Taunus · Tegernsee · Teneriffa · Tessin · Teutoburger Wald · Thüringer Wald · Toskana Nord, Süd · Türkische Riviera · Überetsch · Umbrien · Vanoise · Veltlin · Via de la Plata · Vierwaldstätter See · Vinschgau · Vogesen · Vorarlberg · Wachau · Ober-, Unterwallis · Weinviertel · Weserbergland · Westerwald-Steig · Wien · Wiener Hausberge · Zillertal · Zirbitzkogel-Grebenzen · Zugspitze · Zürichsee · Zypern

Wir freuen uns über jeden Korrekturhinweis zu diesem Wanderführer!
BERGVERLAG ROTHER · München
D-85521 Ottobrunn · Haidgraben 3 · Tel. (089) 608669-0
Internet www.rother.de · **E-Mail** leserzuschrift@rother.de

Vorwort

»Alpenregion Bludenz« lautet der von den Tourismusmanagern zum Jahrtausendwechsel konzipierte Sammelname für die Urlaubsgebiete um den Fünftälerstern Bludenz. Auch der vorliegende Wanderführer vereint die Tourenauswahl im Brandnertal, Großen Walsertal, Klostertal und östlichen Walgau zu einem Gesamtwerk.

Mit dem Löwenanteil der in der Regel leichten und mittelschweren Vorschläge wartet das Brandnertal auf. Es ist heute gesegnet mit allen modernen Einrichtungen, aber nach wie vor geprägt von der grandiosen Gipfelwelt mit der majestätischen Schesaplana und dem Fremdenverkehrsmagnet Lünersee, der Perle des Rätikons. Der Talschluss gilt als der schönste in den Ostalpen.

Ein ganz anderes Gesicht zeigt das Große Walsertal. Das Hightech-Zeitalter hat um dieses heimelige, hauptsächlich von zertobelten Grasbergen gesäumte Kerbtal der brauchtumsbewussten, alemannischen Walser Bauern bislang erfreulicherweise einen großzügigen Bogen geschlagen. Als Biosphärenpark steht das Große Walsertal neben so berühmten Naturräumen wie den Galapagosinseln oder den Rocky Mountains. Was bei den Naturvölkern der Erde seit Urzeiten selbstverständlich war, gilt nun auch zwischen dem Bregenzerwaldgebirge und dem Lechquellengebirge: die Natur nutzen, ohne ihr zu schaden. Auf historischen Walserwegen taucht man in eine noch unverfälschte, anrührende Berglandschaft ein.

Ausflüge rund um die Bezirkshauptstadt Bludenz und beiderseits des zum Arlberg verlaufenden Klostertals, das ohne die sonst übliche Höhenstufe ins Haupttal der Ill einmündet und südlich vom verschwiegenen Verwall begrenzt wird, runden das Routenangebot ab.

Beliebte Gipfelbesteigungen und einsame Wald- und Höhenwanderungen über Maisäße, Berggasthäuser und Alphütten, ausnahmslos umweltfreundlich mit Bus und Bahn erreichbar, halten sich in dieser Auswahl die Waage. In jedem der vorgestellten Gebiete erleichtern Bergbahnen die Routenplanung. Trekkingfreunde werden entdecken, dass man als Einzeltouren Weitwanderungen zusammenstellen kann, zum Beispiel viertägige Unternehmungen wie von Bürs auf die Schesaplana (Nr. 3, 14, 21 Startetappe, 20) oder von Garsella im mittleren Walsertal auf die gewaltige Braunarlspitze (Nr. 32, 41, 43).

Für Ihre spannenden Entdeckungen im pulsierenden Herz Vorarlbergs mit seinem lobenswert aktualisierten Wanderwegekonzept wünsche ich Ihnen gutes Gelingen und ein pfundiges Bergwetter.

Unterthingau, im Frühjahr 2009   Herbert Mayr

Inhaltsverzeichnis

Vorwort 3

Allgemeine Hinweise 6
    Die Top-Touren im Brandnertal 7

Wandern in der Alpenregion Bludenz 12

Übersichtskarte 18

1 Waldspaziergang nach Außerberg 20
2 Bürser Schlucht und Kuhloch 22
3 Komfortwandern nach Brand 24
4 Mottaköpfle, 1221 m 26
5 Mondspitze, 1967 m, und Schillerkopf, 2006 m 28
6 Schesatobel, 1280 m 30
7 Nonnenalpe, 1639 m 32
8 Brandner Dorfrundgang 34
9 Loischkopf, 1809 m 36
10 Amatschonjoch, 2028 m 38
11 Innere Parpfienzalpe, 1525 m 40
12 Großer Valkastiel, 2449 m 42
13 Kellenegg, 1320 m 44
14 Schattenlaganthütte, 1483 m 46
15 Berghof Melkboden, 1600 m 48
16 Oberzalimhütte, 1889 m 50
17 Panüelerkopf, 2859 m 52
18 Mottakopf, 2176 m 56
19 Lünerseealpe, 2000 m 58
20 Schesaplana, 2965 m 60
21 Saulakopf, 2517 m 62
22 Schafgafall, 2414 m 64
23 Zwischen Bludesch und Ludesch 66
24 Nostalgietour nach Ludescherberg 68
25 Hoher Frassen, 1979 m 70
26 Katzenköpfe, 1495 m 72
27 Hochgerach, 1985 m, und Hüttenkopf, 1976 m 74
28 Der Walserweg nach Blons 76
29 Tälispitze, 2000 m 78
30 Gehrenspitze, 1871 m, und Kreuzspitze, 1947 m 80
31 Löffelspitze, 1962 m 82
32 Entlang der Lutz nach Buchboden 84

33	Erlebniswege zwischen Raggal und Marul	86
34	Elsbachtobel, 1170 m	88
35	Guggernülli, 1736 m, und Kellaspitze, 2017 m	90
36	Gamsfreiheit, 2211 m	92
37	Seewaldsee, 1150 m	94
38	Wandfluh, 1574 m	96
39	Klesenza-Alpe, 1589 m	98
40	Wangspitze, 1873 m	100
41	Biberacher Hütte, 1846 m	102
42	Hochkünzelspitze, 2397 m	104
43	Braunarlspitze, 2649 m	107
44	Übers Allmakreuz nach Radin	110
45	Roggelskopf, 2284 m	112
46	Gavarvorsäß, 1314 m	114
47	Jagdhaus »Auf der Säge«, 1386 m	116
48	Burtschakopf, 2244 m	118
49	Spullersee, 1827 m	120
50	Kaltenberghütte, 2089 m	123

Stichwortverzeichnis ... 126

Symbole

🚌	mit Bus/Bahn erreichbar	†	Gipfel
✗	Einkehrmöglichkeit unterwegs	)(	Pass, Sattel
👫	für Kinder geeignet	♦	Kirche, Kapelle
▲	Ort mit Einkehrmöglichkeit	⁂	Aussichtsplatz
⬛	bewirtschaftete Hütte, Gasthaus	🚌	Bushaltestelle
⏚	Seilbahn		

Allgemeine Hinweise

Anforderungen

Unter diesem Schlagwort finden Sie bei jeder Tour detaillierte Angaben. Bei der Auswahl wurde großer Wert darauf gelegt, den Ansprüchen eines breiten Publikums Rechnung zu tragen. Das Spektrum reicht von bequemen Talausflügen über Hüttenaufstiege und Höhenwanderungen auf ausreichend bezeichneten Pfaden und Steigen bis hin zu felsigen, zum Teil weglosen Hochgebirgstouren. Klettersteige und Felstouren, die den I. Schwierigkeitsgrad der UIAA-Skala überschreiten und somit eine Seilsicherung erfordern, sind bewusst nicht mit aufgenommen.

Damit die Anforderungen auf einen Blick leichter einzuschätzen sind, tragen die Tourenvorschläge verschiedene Farbmarkierungen, die nichts über die Länge einer Unternehmung aussagen. Unsere Schwierigkeitsangaben beziehen sich auf trockene Wege in unbeschädigtem Zustand. Je nach Witterungseinflüssen können die Anforderungen erheblich anwachsen. Rote und schwarze Routen bieten oft leichte und lohnende Zwischenziele. Freunde beschaulicher Touren finden hier viele weitere Vorschläge.

Leicht   Leichte Touren für Wanderer. Güter- und Forstwege sowie einfache Pfade und Steige sind in der Regel gut bezeichnet (meist lückenlos markiert und genügend geschildert). Maximal mittlere Steigungen, eventuell mit steilen Aufschwüngen. Keine ausgesetzten Passagen. Selbst bei zweifelhaftem Wetter relativ gefahrlos. Auch für Senioren geeignet. Für Kinder nur empfehlenswert, wenn die für kurze Beine ermüdenden Güter- oder Forstwegabschnitte nicht zu lang sind.

Mittel   Mittelschwere Touren für trittsichere und geübte Bergwanderer. Längere steile Steige und mitunter sehr steile Aufschwünge setzen oft Ausdauer und den Verhältnissen angepasste Ausrüstung voraus. Kurze unmarkierte und Orientierungssinn erfordernde Unterbrechungen sowie ausgesetzte, zum Teil gesicherte Stellen können vorkommen. Bei Wetterverschlechterung ist alpine Erfahrung unerlässlich. Etappen im Schrofengelände sind frei von Kletterpassagen. Abgesehen von ausgedehnten Touren, bei entsprechender Vorsicht auch für Kinder geeignet.

Schwierig   Schwierige Touren. Nur für erfahrene, trittsichere und schwindelfreie Bergwanderer. Längere steile oder sehr steile Steige in manchmal nur spärlich markiertem oder unmarkiertem Felsgelände mit ausgesetzten Abschnitten setzen Kondition und alpine Ausrüstung sowie gegebenenfalls guten Orientierungssinn voraus. Auf leichten Kletterpassagen wird die Zuhilfenahme der Hände notwendig. Auf Grund der mitunter beacht-

Die Top-Touren

Bürser Schlucht und Kuhloch

Am Eingang ins Brandnertal fesselt eine der schönsten Schluchten der Alpen. Sie gilt im inneren Walgau neben dem Schesatobel als die bedeutendste naturkundliche Sehenswürdigkeit (Tour 2, 2.00 Std.).

Mondspitze und Schillerkopf

Zwei mittelschwere Rätikonberge mit verschiedenen Gesichtern und Tiefblick in Vorarlbergs größte Doline sowie auf Bludenz (Tour 5, 6.00 Std.).

Kellenegg

Klein aber fein: Urige Felsformationen verleihen der ungewöhnlich anregenden Route zu einem der gottverlassensten Rastplätzchen des Brandnertals eine dramatische Note (Tour 13, 2.15 Std.).

Panüelerkopf

Anspruchsvolle Marathontour auf abenteuerlicher Felssteiganlage zum zweithöchsten Rätikongipfel mit der höchsten Wand dieses Gebirges und Fernsicht bis zur Bernina und zum Ortler (Tour 17, 10.30 Std.).

Hoher Frassen

Der leicht erschwingliche westlichste Eckpunkt des Lechquellengebirges und Bludenzer Hausberg gilt zu Recht als hervorragender Aussichtsberg (Tour 25, 4.30 Std.).

Gehrenspitze und Kreuzspitze

Auf luftigen, grünen Graten über dem Großen Walsertal. Recht einsame, nicht immer markierte Dreigipfeltour für trittsichere Bergwanderer (Tour 30, 6.30 Std.).

Gamsfreiheit

Stramme Unternehmung zu einem 1.600 m über dem Klostertal aufragenden Zweitausender (Tour 36, 8.15 Std.).

Braunarlspitze

Drahtseile, Eisenklammern und eine glatte Felsplatte! Nur für Schwindelfreie ist der Weimarer Steig anzuraten. Der Dolomit-Gigant mit Dauerfirnfeldern beherrscht das gesamte nördliche Lechquellengebirge (Tour 43, 6.30 Std.).

Roggelskopf

Der wegen seiner knackigen Steigungen und Länge anstrengende Masonweg erfordert große Ausdauer, die Schlussetappe auf den pfiffigen Turm des Klostertals zudem Gewandtheit und einen geschulten Blick für die richtigen Griffe und Tritte (Tour 45, 9.15 Std.).

Kaltenberghütte

Angenehme Route vorbei am malerischen Stubener See zur behaglichen Alpenvereinshütte am Nordrand des stillen Verwalls (Tour 50, 4.30 Std.).

lichen Höhenlage (2500-3000 m) ist stabiles Wetter unbedingte Voraussetzung.

Dieses System (blau, rot, schwarz) darf nicht mit dem in Vorarlberg während der letzten Jahre verwirklichten Wanderwegekonzept verwechselt werden: gelb-weiß = leicht, weiß-rot-weiß = mittelschwer, weiß-blau-weiß = schwer.

Gehzeiten

Die angegebenen reinen Gehzeiten können nur als grobe Richtwerte für durchschnittlich trainierte Bergwanderer gelten (etwa 4 km in der Stunde auf leichten Talwegen, 350 Höhenmeter in der Stunde im Aufstieg, 500 Höhenmeter im Abstieg). Jahreszeit, Wetter, Verfassung, erforderliche Pausen und andere Faktoren bestimmen die insgesamt benötigte Zeit.

Anfahrt
- Die Ausgangsorte zu den einzelnen Wanderungen sind allesamt mit dem Bus oder der Bahn erreichbar.
- Bahn: Die internationale Zugverbindung von Bregenz zum Arlberg durchquert die Region.
- Bus: Omnibusse verkehren zwischen sämtlichen Gemeinden. Wanderbusse gibt es von Bürserberg nach Tschengla und von Marul zur Laguzalpe, außerdem fahren Biosphärenpark-Wanderbusse zu verschiedenen Alpen.
- Auto: Das vorgestellte Gebiet ist von Bayern über die A 96 und die Vorarlberger A 14 zu erreichen, das Klostertal auch von Tirol auf der B 198 durch das Lechtal und über den Flexenpass oder auf der S 16 über den Arlberg.

Gefahren
Gefährliche Situationen entstehen beim Bergwandern meistens durch das Zusammentreffen von subjektiven und objektiven Gefahren. Subjektive Gefahren können durch Unwissenheit, Leichtsinn (mangelnde Ausrüstung)

Am Wegrand besteht oftmals die Möglichkeit, wie hier unter dem Zitterklapfen, gefahrlos die Trittsicherheit zu testen.

Der Valkastielkamm mit dem Panüelerkopf über dem Brandnertal.

oder unzureichendes Training ausgelöst werden. Man sollte stets bemüht sein, sie mit entsprechendem Verhalten, insbesondere durch die Fähigkeit der Selbstkritik, auf ein Minimum zu reduzieren.

Objektive, von den Naturgesetzen bestimmte Gefahren entstehen durch Nebel, Temperaturstürze und Gewitter sowie Steinschlag, Vermurungen und Lawinen. Sie lassen sich selbst mit bester Ausrüstung, einer guten Beobachtungsgabe und jahrzehntelanger Erfahrung nur auf ein gewisses Maß beschränken.

Bei Regen, Nebel oder Schneegestöber können sich grasige oder felsdurchsetzte Steige in heimtückische Rutschbahnen verwandeln. Besonders hart gefrorene Altschneereste oder von Bächen unterspülte Schneebrücken bergen oft unterschätzte Gefahren. Bei Gewittern gilt: Gipfel, Grate, Felsvorsprünge und Hochflächen sofort verlassen, weg von Drahtseilen oder Eisengeländern, keine einzeln stehenden Bäume aufsuchen!

Ausrüstung

Selbst bei Talwanderungen sind Trekkingschuhe vorteilhaft. Außer Regen- und Kälteschutz sowie Reservewäsche kann eine Taschenlampe gute Dienste leisten. Wanderstöcke sind besonders im Abstieg zur Gelenkentlastung sehr empfehlenswert. Bei Nässe sowie Querungen von Bächen, Schneefeldern und harmlosen Gletscherresten bieten sie eine zusätzliche Sicherheit, weil sie die Balance erhöhen

Mit einem Handy ruft man im Notfall rasch Hilfe herbei (Bergrettung landesweit: 144). Wem die Getränkedosen am Wegesrand ein Dorn im Auge sind, der wählt bewusst eine umweltfreundliche Nachfüllflasche. Apropos Abfall: eine kleine Plastiktüte im Rucksack und der eigene (vielleicht auch der eine oder andere fremde?) Unrat landet dort, wo er hingehört: im Hausmüll!

Jahreszeit
Für alpine Wandervorschläge, bei denen bereits die Ausgangspunkte teilweise über 1500 m hoch liegen, verlässliche »günstigste Jahreszeiten« angeben zu wollen, erweist sich in der Praxis als wenig sinnvoll. Es ist empfehlenswert, sich vorab beim zuständigen Verkehrsamt bzw. Wetterdienst (siehe unten) über die aktuellen Verhältnisse zu erkundigen.

Mit ziemlicher Wahrscheinlichkeit sind die Gefahren durch nordwest- bis nordostgerichtete Altschneefelder in Höhen über 2000 m bis in den Juli hinein nicht unerheblich. Für Touren in den Tälern eignet sich durchaus schon der Mai, bis zur Waldgrenze die erste Junihälfte. Ab Mitte Oktober ist besonders schattseitig mit vereisten Passagen zu rechnen.

Landkarten
Die Kartenausschnitte wurden den Freytag&Berndt-Wanderkarten WK 364 »Bregenzerwald«, 371 »Bludenz - Klostertal - Brandnertal - Montafon«, und 372 »Arlberggebiet - Paznaun - Verwallgruppe« im Maßstab 1:50.000 entnommen. Wer auch im weglosen Gelände auf Entdeckung gehen möchte, der wählt vorzugsweise die Alpenvereinskarte im Maßstab 1:25.000 (nur für den Raum Klostertal erhältlich) oder die Österreichische Karte des Bundesamtes für Eich- und Vermessungswesen beziehungsweise die unübertroffene Landeskarte der Schweiz, jeweils im Maßstab 1:50.000.

Mit Kindern unterwegs
Ob sich Touren für Kinder eignen, hängt nicht nur von der Länge der Anstiege oder der Ausgesetztheit der Wege ab, sondern vielmehr vom Abwechslungsreichtum einer Wanderung. Routen auf abenteuerlichen Waldpfaden und kurzweiligen Steigen zu Wildbächen und Wasserfällen, Bergseen und Aussichtsfelsen finden immer große Akzeptanz.

Information
- Vorarlberg Tourismus, Postfach 302, A-6901 Bregenz, Tel. (05574) 425250, www.vorarlberg.travel
- Alpenregion Bludenz, Rathausgasse 12, A-6700 Bludenz, Tel. (05552) 30227, www.alpenregion.at
- Wetterdienst Vorarlberg: (0450) 199156609, www.wetterring.at
- Wetter-Fax-Abruf Vorarlberg/Tirol: (0459) 199162203.
- Alpen-Wetterbericht vom Deutschen Alpenverein: (089) 295070, www.alpenverein.de
- Österreichischer Alpenverein: (0512) 59547, www.alpenverein.at

Die Braunarlspitze ist eines der größten Gipfelziele dieser Tourensammlung.

Wandern in der Alpenregion Bludenz

Im Herzen Vorarlbergs scheiden die Ill zwischen Feldkirch und Bludenz sowie die Alfenz im Klostertal nach der allgemein anerkannten Gebirgsgruppen-Einteilung des Alpenvereins die Nördlichen Kalkalpen von den Zentralalpen. Der Anteil der Zentralalpen zwischen Rhein und Inn wird auch als Nordrätische Alpen bezeichnet. Dazu gehören unter anderem der Rätikon und das Verwall. So weit die geografische Raumordnung.

Geologisch beleuchtet ist die Ill keineswegs ein Grenzfluss. Greifen doch die vielfältigen Bausteine der Nördlichen Kalkalpen zwischen Nüziders und Vandans als Lechtaldecke gipfelbildend auf die Zentralalpen über. Das Lechquellengebirge stellt sozusagen eine erdgeschichtliche Einheit mit dem überwiegenden Teil des Rätikons dar.

Brandnertal und Bludenz

Die vielen, im Großen und Ganzen parallel verlaufenden, tief eingeschnittenen und von der Alpwirtschaft geprägten Rätikon-Seitentäler sind, wenn überhaupt, nur abschnittsweise bewohnt. Lebensader und touristische Hauptattraktion der Gebirgsgruppe ist das von einer grandiosen Zackenwelt

Reizvolle Spaziergänge findet man am Eingang des Brandnertals.

Unverwechselbar: das Kirchlein des Walserdorfs Marul.

überragte Brandnertal mit seinem angenehmen, ja sogar heilenden Hochgebirgsklima. Die vormals einzelnen Ortsteile der alten Walsersiedlung Brand, deren Name sich von der bereits um die Mitte des 14. Jahrhunderts im Talschluss gelegenen, rätoromanischen Alpe Prann herleitet, reichen sich heute die Hand zu einem langen Straßendorf.

Um 2400 m überragt die Schesaplana die Alpenstadt Bludenz. Dazwischen durchschreitet der Wanderer zwischen Maisfeldern und der Gletscherregion im Gebiet des Brandnertals sämtliche Vegetationsstufen. Nur selten überraschen in den Ostalpen solche riesigen Niveau-Unterschiede auf so kurzer Distanz wie hier.

Das äußere Tal wartet mit zwei bedeutenden geologischen Sehenswürdigkeiten auf: der vom Alvierbach geschaffenen, wilden Bürser Schlucht und dem wüsten Schesatobel, einem ungeheuerlichen Bergrutsch. Beeindruckendster Blickfang des Brandnertals ist neben der genannten Schesaplana (2965 m) und dem benachbarten Panüelerkopf (2859 m) die Pyramide der Zimba (2643 m). Die Brandner Mittagsspitze (2557 m) und der Mottakopf (2176 m) verstehen es hingegen bestens, die dorfnahe Szene zu beleben.

Alles in allem ein überzeugendes und süchtig machendes Betätigungsfeld für Wanderer und Bergsteiger mit einer Unzahl markierter Wege zu Maisäßen und Alpen, zu Wasserfällen, Jochen und einprägsamen Aussichtsgipfeln. Die

Raggal: Kirchgang in der Walsertracht.

artenreiche Flora der alpinen Matten mit mehr als 30 Orchideenarten birgt unter anderem Raritäten wie Edelweiß und Frauenschuh, Mont-Cenis-Glockenblume, Schneerose und Mondraute.

Rund um Bludenz versammeln sich am Ausgang des Brandnertals, über dem östlichen Walgau und der Öffnung des Klostertals ein paar besonders hervorzuhebende Aussichtspunkte. Der schönste mit einer selten umfassenden Rundschau dürfte der Hohe Frassen (1979 m) sein. Den landschaftlichen Gegenpol dazu bildet der besuchenswerte, ausgedehnte Auwald bei Bludesch.

Großes Walsertal und Klostertal

Die Sonnenseiten des vorderen und mittleren Großen Walsertals sowie des von mächtigen Gletscherströmen ausgeschürften Walgaus werden von den Flyschbergen des südlichen Bregenzerwaldgebirges flankiert. Diese Gesteinszone mit ihren verwitterungsfreudigen Formen ist eigentlich dem westalpinen Bereich zuzuordnen. Die Landschaft hat hier ausnahmslos ihr grün geflecktes Kleid übergezogen. Der Name Flysch bezieht sich auf das Hangrutschen oder »Fließen«. Teils riesige Murabgänge verdeutlichen die geringe Standhaftigkeit der weichen, ungemein steilen Grasflanken. Die umfangreichen Rodungen sowie die Waldweidewirtschaft der Walser in früheren Zeiten haben den vormaligen Waldmantel des Walserkammes merklich durchlöchert.

Im Gegensatz zum Brandnertal und Klostertal ist der von der Lutz scharf eingesägte Talboden des Großen Walsertals selbst meist unbewohnt. Landschaftsprägend sind die Streusiedlungen an den unteren, oft von zahlreichen Tobeln zerfurchten Hanglagen. Nicht zu Unrecht gilt im Tal das Sprichwort: »Das Große Walsertal ist ein von Tobeln durchtobeltes Tobel«. Sie haben es bemerkt: In Vorarlberg sagt man wie auch im Allgäu »das Tobel«.

Gefährlich werden die rassigen Steilgrasflanken im Winter nach anhaltendem Neuschneezuwachs, bei Windverfrachtung oder plötzlicher Erwär-

Am Südufer des Lünersees, der Perle des Rätikons, sockeln die Kanzelköpfe.

Bei Dalaas im Klostertal rollt die Arlbergbahn über ein Viadukt.

mung. Immer wieder haben schwere Lawinenkatastrophen das Tal überschattet und große Not über die Bevölkerung gebracht. Am 11. Januar 1954 fielen insgesamt 80 Menschen im Großen Walsertal dem weißen Tod zum Opfer. Zahlreiche Bauernhöfe und Alphütten wurden weggefegt wie Spielzeughäuschen. Allein 18 Höfe gingen auf das Konto der Falbkopflawine.

Zum einen kennzeichnen dieses einen großen Charme verströmende Wanderrevier leichte Ausflüge, beispielsweise auf alten Walserwegen sowie zu den zahlreichen Alphütten, zum anderen locken den Fortgeschrittenen anregende Gratwanderungen. Die Tälispitze schafft sogar die 2000-m-Marke. Besonders bei Nässe bergen die abschüssigen Dächer in Grün allerdings nicht zu unterschätzende Gefahren.

Hinter Marul haben die Gestalten des Lechquellengebirges plötzlich markante Felskronen aufgesetzt. Im Talschluss imponieren wuchtige, vorwiegend

aus Hauptdolomit gemauerte Klötze und Riesenkeile der kalkalpinen Zone. Die meisten sind stolze Zweitausender wie der Zitterklapfen (2403 m) und das wilde Felsrund um die Gadenalpe. Hier wird alles ernster und gleichsam feierlicher. Die markanteste Gipfelformation ist der Felskoloss der Roten Wand (2704 m).

Im Klostertal, am Dorfrand von Klösterle.

Für die Umweltforschung, die Umweltbeobachtung und die Umweltbildung haben die Talbewohner in Zusammenarbeit mit der UNESCO im gesamten Raum des Großen Walsertals einen Verbund von Naturreservaten eingerichtet mit Kernzonen, Pflegezonen, Entwicklungszonen und Regenerationszonen. Dieser Biosphärenpark soll keineswegs den Menschen aus der Natur verbannen, sondern ganz im Gegenteil ein gelebtes Modell sein, wo die Menschen ressourcenschonend und nachhaltig wirtschaften und leben können und wo Lebensqualität auch für nachfolgende Generationen geschaffen wird.

Von Bludenz zum Arlberg zieht das weniger bekannte und waldreiche, für Bergurlauber dennoch nicht uninteressante Klostertal seine Furche. Nordseitig wird dies vom bereits angerissenen Lechquellengebirge flankiert, dessen prächtigste Erscheinung am Gebirgsrand der Roggelskopf (2284 m) darstellt. Die Schattseite bestimmt das nahezu unbesiedelte, aus Kristallingesteinen aufgebaute Verwall mit seinen in der Regel höchst selten bestiegenen Charaktergestalten. Der Kaltenberg (2896 m) ist hier einer der Giganten.

Die mit Gipfelwegen erschlossene Davennagruppe zwischen dem Klostertal und Schruns mit dem Itonskopf (2089 m) gehört geologisch betrachtet zu den Nördlichen Kalkalpen. Bereits auf einfachen Talspaziergängen und Waldwanderungen, beispielsweise zu stürzenden Bergwassern, erlebt man im Klostertal eine Respekt einflößende Hochgebirgsnähe.

Alte Fassade in Bürserberg.

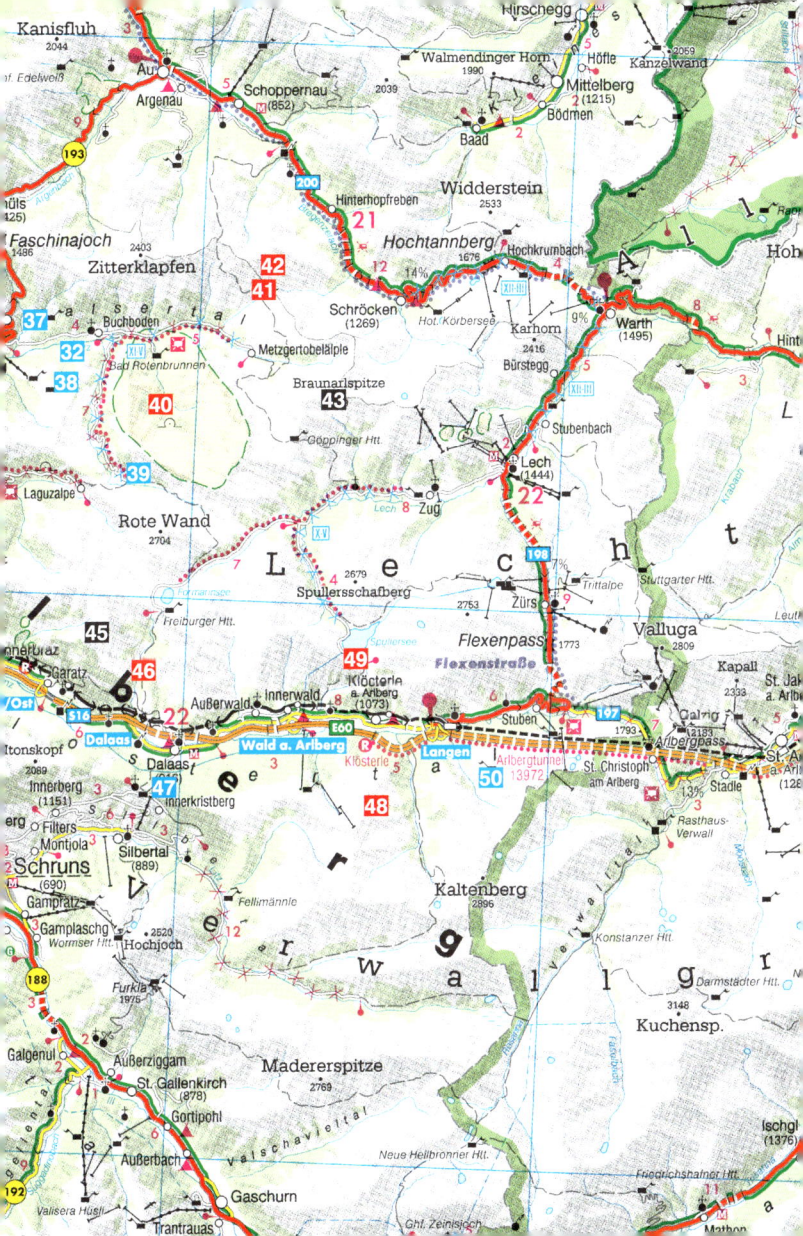

1 Waldspaziergang nach Außerberg

2.30 Std.

Vergessener Minigipfel mit anregendem Walgau-Tiefblick

Auf dem Höhenzug des Tschalengabergs vom Fürkele zum Mottaköpfle, hoch über dem Illufer, überrascht ein selten eines Augenmerks gewürdigter, winziger Waldschopf mit beeindruckenden, wenn auch etwas begrenzten Talblicken. Hinter dem leuchtenden Stausee bei Nüziders berühren sich das geometrische Wiesenmosaik und der ausgedehnte Auwaldteppich des Walgaus. Freundliche Dorfflecken beleben die Öffnung des Großen Walsertals.

Ausgangspunkt: Bürs, Bushaltestelle bei der Alvierbachbrücke in der Ortsmitte, 570 m; Parkplatz.
Höhenunterschied: 320 m.
Anforderungen: Teilweise bezeichnete Forstwege, Pfade und Anliegersträßchen. Außer einem steilen Aufschwung nur mäßige Steigungen. Ein wenig Orientierungssinn erforderlich.
Einkehr: Keine.

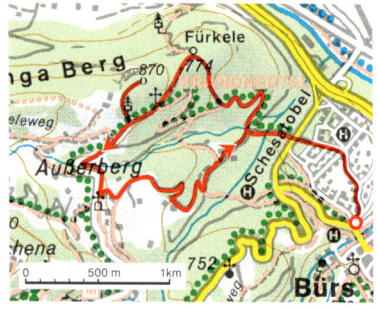

Nach der Alvierbachbrücke und dem Lebensmittelmarkt in **Bürs** bringen uns die Außerfeld- und Schesastraße zum Dorfrand. Dort queren wir die Vorfahrtsstraße und folgen beim Kieswerk einem Forstweg über den untersten Schesatobel. Nun geht es rechts bergan und ein kleines Stück hinter der zweiten Linkskehre auf einem abzweigenden Pfad durch den stillen Buchwald.

In der Einsattelung beim Fürkele stoßen wir auf einen markierten Aufstieg, der weiter oben in einen sich verflachenden Forstweg wechselt. Wo sich dieser zum Pfad verschmälert, schwenkt man auf den mit der Nr. 17 bezeichneten Steilaufstieg ab, der zu den abgelegenen, obersten Häusern von Außerberg leitet. Kurz vor diesen zeigt sich die Mondspitze. Hier versteckt sich rechts im Wald eine kleine, namenlose Bergkuppe (870 m). Da zahlreiche Bäume die Aussicht behindern, empfiehlt es sich, noch wenige Meter auf einer Pfadspur bergab zu gehen, um gelegentliche Talblicke zu erhaschen. Wegen der Absturzgefahr sollte man dabei große Achtsamkeit walten lassen und sich keinesfalls an die Abbruchkante heranwagen.

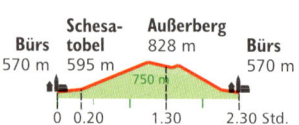

Zurück am Forstwegende bummeln wir rechts auf einem Wiesenpfad – jenseits des Brandnertals grüßt die königliche Zimba – zur Parzelle **Außerberg** (828 m). Ein verkehrsfreies Sträßchen führt uns darauf Richtung Bürserberg über den Tobel des Plattenbachs. Anschließend wählen wir talwärts den nach Bludenz ausgeschilderten Kürstweg. Erneut auf einem Wiesenpfad, im weiteren Verlauf auf einem Anliegersträßchen genießt man hübsche Einblicke ins Klostertal. Zuletzt begleitet ein Forstweg den Schesatobel zurück nach **Bürs**.

Walgau-Tiefblick vom namenlosen Berg nahe der Bürser Parzelle Außerberg.

2 Bürser Schlucht und Kuhloch

2.00 Std.

Wo Urgewalten hausten

Die Bürser Schlucht mit ihrer abenteuerlichen Szenerie und den imponierenden, aalglatt wirkenden Wandfluchten am Eingang gilt als eine der schönsten Schluchten der Alpen.

Ausgangspunkt: Bürs, Bushaltestelle bei der Alvierbachbrücke in der Ortsmitte, 570 m; Parkplatz.
Höhenunterschied: 210 m.

Anforderungen: Meist gut bezeichnete Pfade und Forstwege, kurzer Steig. Mäßige Anstiege. Trittsicherheit erforderlich.
Einkehr: Kiosk Platzgufel.

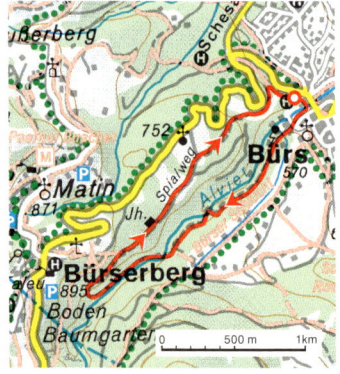

An der Brücke über den Alvierbach in **Bürs** lenkt der Wegweiser zur nahen **Bürser Schlucht**. Der Alvier hat sich im vorderen Schluchtteil im Laufe der Zeit durch das Bürser Konglomerat gefressen. Die Ablagerungen dieser gerundeten Kalkschotter in riesigen Blöcken am Schluchteingang sind älter als die letzte Eiszeit. Die widerstandsfähigeren Gneisblöcke hat der Illgletscher während seiner Hochstände aus dem Montafon hieher transportiert.

Auf Holzstegen geht's unter einem Felsendach hindurch. Bald rieseln kleine Sturzbäche über Kalktuffstufen. Zuvor hat sich das Quellwasser unterirdisch seinen Weg hierher gebahnt. Den gelösten Kalk scheiden die Wasserläufe nun im Luftkontakt wieder aus. So kann Gestein nachwachsen. Bemerkenswert, wie dabei Moos, Reisig und Blattwerk versintern. Zwei Mal hintereinander queren mehrere Stege den Wildbachverhau. Nachdem wir auf Holzstufen einen Aufschwung überwunden haben, schleicht der wildromantische Entdeckungskurs in den hinteren, bis zu 200 m tiefen Schluchtabschnitt. Abermals quert der Pfad auf einem Steg den Bach.

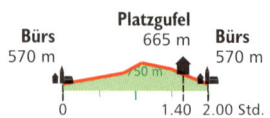

Das Schild »Bürserberg« weist vom Ende des Schluchtwegs auf einen Steig, der in Kehren über den abschüssigen Waldhang ansteigt. An einer Verzweigung folgen wir dem Kuhlochweg, einem Forstweg,

leicht bergab zur parkähnlichen Spial, einem sonnigen Hain mit Lärchen, Eichen und einem Forstpflanzgarten. Gleich darauf kommen wir zu den sogenannten Schrunden mit den ausgewaschenen Ofenlöchern. Ganze Felspakete gleiten hier talwärts ab und reißen gähnende Spalten auf.
An der Gabelung unmittelbar vor dem **Kuhloch** halten wir uns Richtung Bürs und steigen hinunter in den klammartigen Strudeltopf der Späteiszeit. Unter überdimensionalen Felskloben hindurch werden wir wieder in die Freiheit entlassen. Am Kiosk Platzgufel nehmen wir kurzzeitig mit der Straße von Brand vorlieb und gelangen danach auf einem Wanderweg hinunter nach **Bürs**.

Bürser Schlucht mit Alvierbach.

3 Komfortwandern nach Brand

5.00 Std.

Durchs untere Brandnertal

Der sogenannte Waldweg von Bürs nach Brand, eine uralte Verbindung, die schon die Walser Einwanderer benutzten, wurde nach dem verheerenden Rutsch der Talstraße an Pfingsten 2000 als Behelfsstraße hergerichtet. Heute bietet er sich als recht bequemer, verkehrsfreier Zugang ins Brandnertal an.

Ausgangspunkt: Bürs, Bushaltestelle bei der Alvierbachbrücke in der Ortsmitte, 570 m; Parkplatz.
Höhenunterschied: 650 m.

Anforderungen: Meist gut beschilderter, geteerter Forstweg, anfangs Wanderweg. Mäßige Steigungen.
Einkehr: Brand.

Wir gehen von der Alvierbachbrücke in **Bürs** durch die Fußgängerzone zur Martinskirche und biegen unter der Schaß auf den Alten Schaßweg Richtung Brand ab, einen Waldweg. Bald mündet unsere Routenwahl rechts in einen geteerten Forstweg, der anfangs über Lichtungen und später in wenigen Kehren zum **Wasserschloss** (770 m) leitet. Wer möchte, kann auch bereits in der unteren Kurve dem etwas kürzeren Alten Schaßweg entlang dem Wasserleitungsrohr treu bleiben, der an dieser Stelle unseren bequemen Aufstieg kreuzt.

Ernste Szenerie am Ortsende von Bürs.

Nach einem längeren flachen Abschnitt auf Maggenz beginnt der Kurs über der oberen Bürser Schlucht zu fallen. Ab der Alvierbachbrücke unterhalb des Bürserberger Ortsteils Tschapina begleitet uns ein Stück das Bachufer. In Gesellschaft des Alpviehs wieder leicht bergauf an der Jagdhütte beim **Kloster-Maiensäß** (880 m) vorbei wandernd, öffnet sich über uns plötzlich das malerische Sarotlatal mit der Zimba-Pyramide.

Nach der Sarotlabachquerung schlendern wir vom Viehstall der

Hofalpe hinunter zum Brandner Golfplatz. Zuletzt weist das Täfelchen »Galaverda« am hier einmündenden Schliefwaldbach hinauf nach **Brand**.

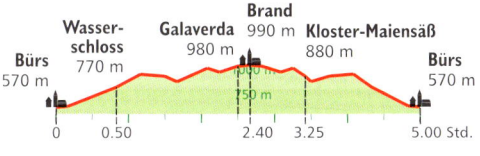

Vom unteren Ortsteil Galaverda ist es nur ein Katzensprung hinein ins Dorfzentrum. Wer sich den Rückweg sparen möchte, kann am Alpenhof Zimba auch den Bus nach **Bürs** nehmen.

4 Mottaköpfle, 1221 m

3.15 Std.

Stille Bürserberger Parzellenwanderung

Auf der aussichtsreichen Wald- und Wiesenrunde zum touristisch unbedeutenden, aber dennoch liebenswerten Mottaköpfle passiert der Wanderer mehrere Parzellen und Maisäße.

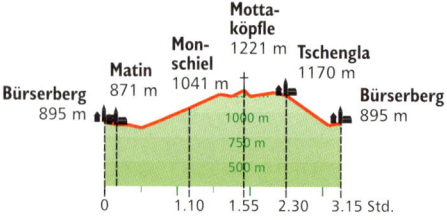

Ausgangspunkt: Bürserberg, Bushaltestelle an der Zimmerinformation, 895 m; Parkplatz.
Höhenunterschied: 460 m.
Anforderungen: Teilweise bezeichnete Anliegersträßchen und Forstwege, kurzer Pfad, kleine weglose Abschnitte. Orientierungssinn erforderlich.
Einkehr: Matin, Tschengla.

In **Bürserberg** beachten wir an der Zimmerinformation das Schild »Gemeindeamt«. Ein Gehsteig führt bergab über die Schesatobel- und Mühlebachbrücke zum Ortsteil **Matin** (871 m). Am Paarhof Buacher mit Ortsgeschichtlichem Museum in einem 300-jährigen Walserhaus folgen wir rechts dem schmalen Sträßchen. Ab der Gabelung hinter einer Kurve bringt uns

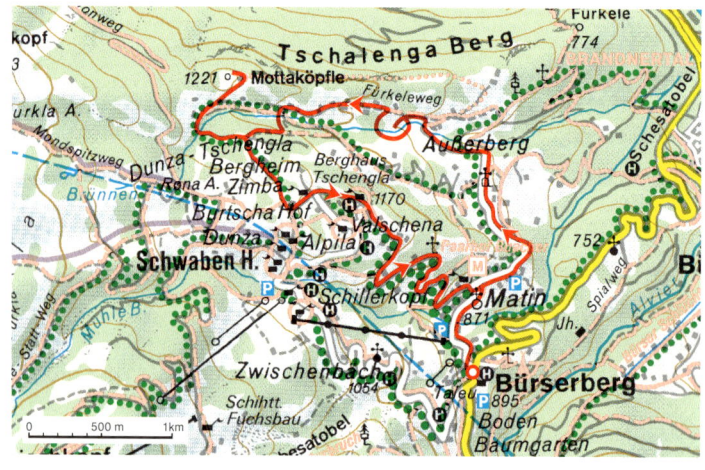

Unscheinbar: das Mottaköpfle bei Tschengla.

die obere Abzweigung mit Aussicht nach Bludenz und ins Klostertal nach **Außerberg** (840 m). Den Fürkeleweg verlassen wir beim letzten Haus zum **Plattenbach-Wasserfall** (910 m). Diesen erreicht man, indem man vor einem Bauernhof auf einen Wiesenweg abzweigt.

Wir spazieren kurz zurück zu einer Verzweigung und nehmen den ansteigenden Waldweg, der eine natürliche Bachüberschreitung und ein paar weglose Wiesenquerungen erfordert. Später geht's an gelegentlich markierten Heuhütten vorbei. Ab der einsamen Parzelle Monschiel wandern wir auf einem Güterweg und wählen nach einer weiteren Bachquerung den Mottawaldweg. Auf dem nun deutlicher steigenden Pfad Richtung Tschengla taucht bald die **Untere Rona-Alpe** (1180 m) auf. Ein Forstweg führt über den Tobel des Plattenbachs zum Maisäß Vilschena. Von dort ist es nicht mehr weit, bergauf zum **Mottaköpfle** mit gleichnamigem Maisäß. Die teilweise bewaldete Bergkuppe gibt Blicke frei zur Mondspitze, zu den Walgausiedlungen und ins vordere Große Walsertal sowie zum Valkastielkamm mit der Zimba.

Zurück an der Unteren Rona-Alpe setzt eine gemütliche Bummelei Richtung Tschengla an. An der Rona-Alpe Tschengla schwenkt man auf den nach Außerberg beschilderten Kürstweg ab. Der Waldweg leitet hinunter nach **Tschengla** (1170 m). Auf einem kurvigen Anrainersträßchen mit Blick zum Schesatobel, später durch Wald, gelangt man zurück nach Matin und **Bürserberg**.

5 Mondspitze, 1967 m, und Schillerkopf, 2006 m

6.00 Std.

Ungleiches Rätikon-Gipfelpaar über dem Walgau

Der Aufstieg zum Schillerkopf ermöglicht einen Einblick in die größte Doline Vorarlbergs: das Kessiloch. Dieses Naturdenkmal ist rund 300 m breit und mehr als 100 m tief und entstand durch Auswaschung eines Gipsvorkommens unter dem festen Gestein. Der dem Gesichtsprofil des gleichnamigen Dichters ähnelnde Gipfelaufbau bezog seinen früheren Namen Kessikopf (Kessi bedeutet Schöpfkelle) von der Doline.

Ausgangspunkt: Tschengla (Gemeinde Bürserberg), Bushaltestelle (7.7.-9.9.) beim Hotel Burtschahof, 1180 m; Parkplatz am oberen Ortsrand.
Höhenunterschied: 960 m.

Anforderungen: Gut bezeichnete Pfade und Steige, anfangs Güterweg. Kurze steile Anstiege. Ausgesetzte Stellen erfordern Trittsicherheit und Vorsicht bei Nässe.
Einkehr: Keine.

Die Beschilderung lenkt uns vom Hotel Burtschahof in der Parzelle **Tschengla** zum Rona-Parkplatz. Ein ansteigender Güterweg überquert das Hochplateau Tschengla. An der Tafel »Ronasäge« folgen wir dem Pfad Richtung Mondspitze über bucklige Alpweiden. Bereits von hier begeistert der Formenreichtum der umliegenden Berge und Täler. Der rot-weißen Markierung treu bleibend kreuzen wir einen Fahrweg.
An einer Verzweigung entscheiden wir uns für den Schillerweg und steigen durch den Wald und einen Graben hinauf zur Querung des Furkla-Höhenwegs in nun flacherem Gelände.

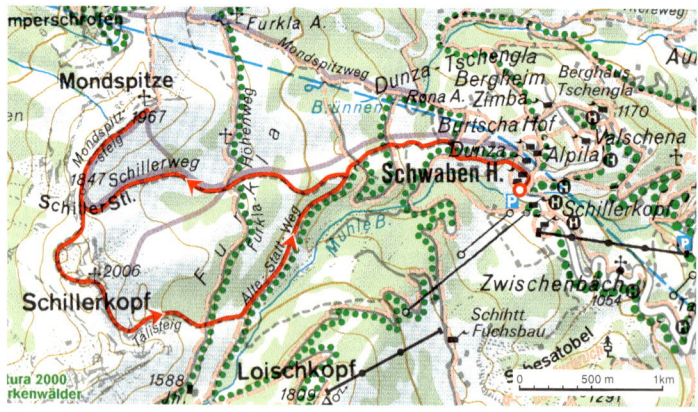

Schillerkopf und Mondspitze von Südosten.

Unter der Mondspitze passiert man den Rand der Schillermulde und gelangt über einen bescheidenen Weidehang steiler zum **Schillersattel** (1847 m). Der Mondspitzsteig (kleiner Zwischenabstieg) folgt mehr oder weniger dem gemütlichen Südwestgrat auf die fast bis obenhin mit Krummholz gekleidete **Mondspitze**, eine ideale Aussichtswarte für den westlichen Rätikon, die Schweizer Berge, das Bregenzerwald- und Lechquellengebirge und die äußerste Ecke des Verwalls mit dem Fünftälerstern Bludenz. Zurück im Sattel umgehen wir mit etwas Höhenverlust und stellenweise ausgesetzt den Trichter des Kessilochs und gewinnen über den anstrengenden, zum Schluss mit Schrofen besetzten Nordwestrücken den **Schillerkopf**. Für den Abstieg wählen wir den steilen Tälisteig über die Südostflanke und kreuzen nach einer kleinen Karmulde abermals den Furkla-Höhenweg. In Bachnähe schwenkt man in den Alte-Statt-Weg und gelangt durch Wald zurück zur bekannten Route nach **Tschengla**.

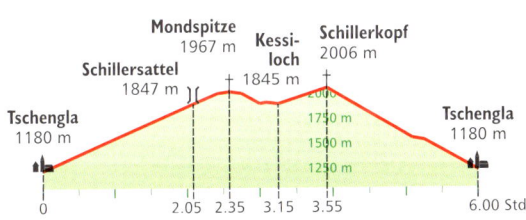

6 Schesatobel, 1280 m

Größter Murbruch Europas

An stramme Steigungen gewöhnte Einsamkeitsliebhaber erwartet auf dieser kleinen Rundtour ein ungewöhnliches Bergziel, ein gigantisches Loch: der Schesatobel. Er gilt mit seinen 700 m Breite als größter Murtrichter unseres Erdteils. Der vormals winzige Schesabach hat hier im Laufe der Zeit ungeheuerliche Rutschungen eingeleitet.

Ausgangspunkt: Tschapina (Gemeinde Bürserberg), Bushaltestelle am Ausgang des Tschapinatunnels, 900 m; Parkplatz vor dem Eingang.
Höhenunterschied: 420 m.

Anforderungen: Spärlich bezeichnete Pfade und Forstwege, kurzer Steig, zu Beginn Anliegersträßchen. Längerer Steilaufstieg. Etwas Orientierungssinn erforderlich.
Einkehr: Nur mit Abstecher in Bürserberg.

Wir gehen in **Tschapina** vom Tunnel auf dem Gehsteig zur Kapelle. Der Zugswaldweg, ein verkehrsfreies Sträßchen, windet sich über steile Bergwiesen mit Einblick ins Sarotlatal hinauf zur Parzelle **Zugs** (1030 m). Dort nimmt uns ein anstrengender Ziehweg auf. Wo dieser endet, lenkt an einem Heustadel die gelb-rote Markierung auf eine schwache Fahrspur. Links von der Zimba besticht der kühne Felsfinger des Zwölferkopfs.

Beim obersten Stadel entdeckt man eine Baummarkierung. Der nun ansetzende, außergewöhnlich steile Waldweg ist weiterhin bezeichnet. Zum Schluss schwingt sich ein Steig empor zum bewaldeten, unscheinbaren Gaschirakopf am riesenhaften, wüstenartigen **Schesatobel**. Beim unvermuteten Auftauchen dieses abgrundtiefen Schlunds der Verwüstung fehlen erstmal die Worte.

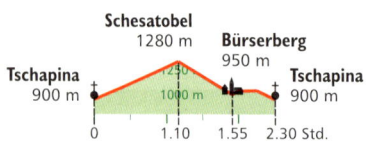

Mit respektvoller Distanz zur Abbruchkante sollte man sich eine Weile niederlassen, um die Dimensionen dieses typischen Beispiels unabsehbarer Folgeschäden nach rigorosen Kahlschlägen wirklich erfassen zu können.
Anschließend begeben wir uns auf den Gaschieraweg Richtung Bürserberg. Während des Forstwegserpentinen-Abstiegs, der weitere überwältigende Einblicke in die grandiose Bergwunde bietet, breitet sich die Alpenstadt Bludenz in ihrer ganzen Größe vor uns aus. Über dem vorderen Großen Walsertal reiht sich Grasgipfel an Grasgipfel.
Wo der Forstweg im Schesatobel verschwindet, leitet uns ein Pfad nach **Bürserberg** (950 m). Am Beginn des Hauptortes nehmen wir den Zugswaldweg zurück nach **Tschapina**. Der Pfad steigt erst leicht durch ein Wäldchen und quert später unter Lawinenverbauungen vorbei aussichtsreiche Wiesenhänge.

Der wüste Schesatobel oberhalb Bürserberg.

7 Nonnenalpe, 1639 m

Biblische Ruhe unter dem Valkastielkamm

Die fast 1100 m über der Illfurche thronende Nonnenalpe begeistert, überragt von den Felsspitzen des Valkastielkamms, mit einer köstlich verschwiegenen Alpidylle, wie sie heutzutage kaum mehr existiert – ohne Fahrweganschluss und Schnitzelduft. Fremdländische, sympathisch zottelige Hornträger äugen neugierig nach den schwärmenden zweibeinigen Besuchern.

Ausgangspunkt: Tschapina (Gemeinde Bürserberg), Bushaltestelle am Ausgang des Tschapinatunnels, 900 m; Parkplatz vor dem Eingang.

Höhenunterschied: 890 m.
Anforderungen: Meist bezeichnete Forstwege und Steige. Zwei Steilaufstiege.
Einkehr: Keine.

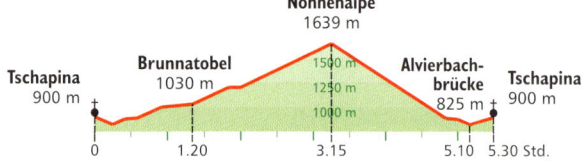

Startpunkt ist der Tunnel in **Tschapina**. Ein Fahrweg senkt sich gleich danach zum Bergrutsch von Pfingsten 2000. Dort trägt uns die Alvierbachbrücke zu einem geteerten Forstweg, der über der oberen Bürser Schlucht ein Stück ansteigt. Wo die nach Bürs führende Route leicht zu fallen beginnt,

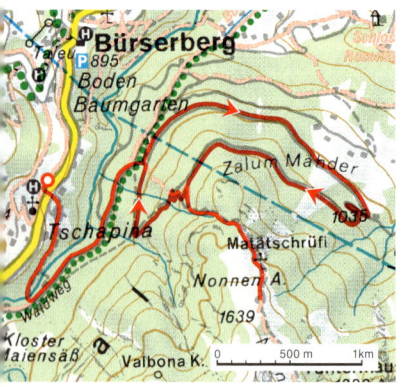

folgen wir kurz dem Nonnenalpweg. Der Pfad mündet gleich darauf wieder in einen an Steilhängen entlang weiterhin angenehm steigenden Forstweg. Ab dem Brunnatobel schwingt sich der längere Zeit flache Kurs oberhalb der Zalummähder erneut in die Höhe. An der Gabelung nach der Abzweigung Richtung Guscha halten wir uns rechts und erfreuen uns auf dem nun kurvigen Weg eines Tiefblicks auf Bludenz, überragt von Frassen und Elsspitze. Am Wegrand fällt nach einer Weile eine kleine Spalthöhle auf. Kurz hinter einer Kuppe

Die Nonnenalpe am Eingang des Brandnertals ist noch ohne Güterweganschluss.

schwenken wir auf den Alpsteig Richtung Nonnenalpe ab. In anfangs noch kräfteschonenden Serpentinen kämpfen wir uns mühsam zu einer Geländestufe empor. Zuletzt leitet uns ein Weiderücken über den Steilabbrüchen der Matätschrüfi und an einem Aussichtskreuz vorbei zur **Nonnenalpe**. Von dem anrührenden Fleck, einer vorzüglichen Schaubühne für die Bergregion des Klostertals, vermag man sich nicht so schnell wieder loszureißen. Zurück auf dem Forstweg folgen wir diesem kurzzeitig links bergab auf die Schesaplana zu. An der Tafel »Guscha« entscheiden wir uns für die steile Abstiegsvariante auf einem Steig zur Einmündung in den Bürser Forstweg. Auf bekanntem Kurs geht's nach **Tschapina**.

8 Brandner Dorfrundgang

2.30 Std.

Bummelweg-Kombination für die ganze Familie

Die gepflegten dorfnahen Brandner Wanderrouten Thurnerweg, Bügmiweg, Brüggaweg und Grüner Waldweg lassen sich wunderbar zu einem entspannenden Rundgang verbinden.

Ausgangspunkt: Brand, Bushaltestelle am Gemeindezentrum, 1000 m; Parkplatz an der Dorfbahn.
Höhenunterschied: 320 m.

Anforderungen: Gut bezeichnete Pfade und Forstwege, kurze Abschnitte auf Steig und Anliegersträßchen. Kleine Anstiege.
Einkehr: Innertal, Schedlerhof.

Vom Gemeindezentrum in **Brand** spazieren wir auf dem Gehsteig kurz zurück zur Dorfbahn. Der in Kehren ansteigende Güterweg nach Eggen ist als Erlebnisweg beschildert. Nach wenigen Bergbahnquerungen entscheiden wir uns für den nach Brand beschilderten Thurnerweg. Ein Steg trägt uns über den Bergbach des Mühletobels. Der Pfad zieht sich erholsam am Saum des Niggenwalds entlang zu **Lisi's Maisäß** (1100 m). Jenseits des Tales ragt die mächtige Brandner Mittagspitze auf.
Ab **Kasperles Maisäß** folgt die Route ein Stück dem Steig Richtung Niggenkopf und verläuft bald nach der Überschreitung eines weiteren munteren Wasserlaufs wieder gemütlich als Bügmiweg oberhalb des Dorfes auf den Mottakopf zu. Mischwaldflecken und Bergwiesen wechseln sich ab. Ein Güterweg leitet uns schließlich hinunter nach Brand, genauer gesagt zum Ortsteil **Innertal** (1060 m).
Nach einer möglichen Einkehr bringt uns ein Fahrweg weiter talwärts über die Aubrücke. Nun wäh-

Trotz moderner Architektur gibt es in Brand auch unverfälschte Winkel.

len wir auf der ebenfalls überwiegend besiedelten Ostseite des Alvierbachs den wiederum nach Brand ausgeschilderten Brüggaweg. Erst finden wir einen Forstweg vor, der eine trockene Wildbachrinne kreuzt, später ein kaum befahrenes Sträßchen durch den Ortsteil Tschapina.

Nach sanftem Gefälle beginnt beim **Schedlerhof** (1020 m) wieder ein Forstweg, der Grüne Waldweg, leicht zu steigen. Hinter dem Tennisplatz wird auf Holzdielen der Wildbach aus dem Rothorntobel gequert. Ein paar Kurven führen uns nach Überschreiten des urigen Marktobels durch den Wieslewald zurück in die jetzt ausgeprägtere Senke des Alvierbachs. Kurz vor dem **Golfplatz** (940 m) leitet eine Bachbrücke auf die Westseite. Noch eine kleine Abschlussbummelei, dann schließt sich in der Ortsmitte von **Brand** der abwechslungsreiche Dorfspaziergang.

9 Loischkopf, 1809 m

4.00 Std.

Leichtes Bergziel mit Viertälerblick

Dieser wenig besuchte, meist bewaldete Nordrätikonberg lohnt sich nicht nur wegen seines großzügigen Rundblicks, sondern auch wegen des relativ kurzen und einfachen Zugangs.

Ausgangspunkt: Brand, Bergstation der Dorfbahn, 1400 m, Bushaltestelle am Gemeindezentrum, 1000 m; Parkplatz an der Dorfbahn.
Höhenunterschied: 490 m.

Anforderungen: Überwiegend bezeichnete Güterwege und Pfade. Lediglich ein kurzer steilerer Aufstieg am Loischkopf, sonst bequeme, stetige Anstiege.
Einkehr: Innere Parpfienzalpe.

Los geht's an der **Bergstation** der Dorfbahn. Erstes Zwischenziel ist die in einem romantischen Hochkessel gelegene **Innere Parpfienzalpe** (1516 m). Wir erreichen sie auf einem mäßig steigenden Güterweg über Alpweiden. Rassiger Blickfang ist dabei der Tuklar.

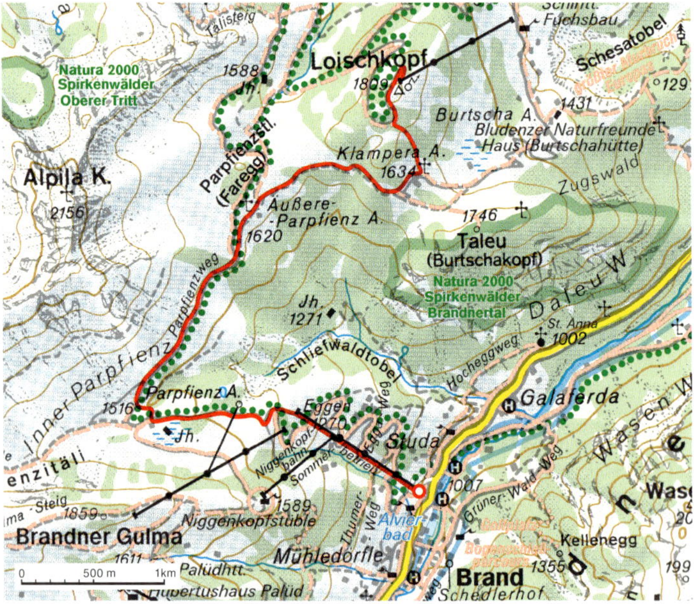

Unterwegs zum Loischkopf hat man den wuchtigen Tuklar vor der Nase.

Der Parpfienzweg leitet nun durch Wald Richtung Parpfienzsattel. An der Gabelung auf dem Rücken unter dem Alpilakopf zweigen wir auf den Burtschaweg ab und erreichen kurz darauf die Vordere oder **Äußere Parpfienzalpe** (1620 m).

Auf einem flachen, zuletzt kaum ansteigenden Waldpfad findet man sich zwischen Loischkopf und Taleu, wie der Burtschakopf auch genannt wird, bald auf dem Burtschasattel ein. Im Süden grüßt das alles überragende Gipfelduo Schesaplana und Panüelerkopf. Links abschwenkend, taucht nach kleinem Abstieg die **Klampera-Alpe** (1634 m) auf.

Für den nur im Mittelteil steilen Gipfelaufstieg zum **Loischkopf** benützt man die nordwestwärts gerichtete Skiabfahrtsschneise zur Bergstation des Loischkopflifts. Von dort sind es nur noch ein paar Minuten zum geräumigen Ziel mit Fernseh-Antennenanlage. Der Rundblick wird lediglich im Westen durch höhere Erhebungen etwas begrenzt. Die Viertälerschau umfasst den Walgau, das Große Walsertal, das Klostertal und das Brandnertal. Faszinierendstes Schaustück ist natürlich wieder mal der unverwechselbare, kühne Felszacken der Zimba.

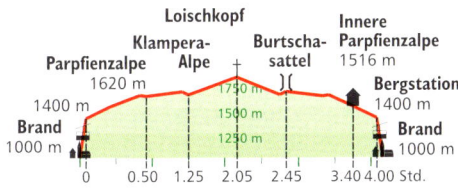

10 Amatschonjoch, 2028 m

4.45 Std.

Höhenwandern im Reich der Murmeltiere

Das empfehlenswerte Amatschonjoch ist ein wichtiger Übergang für Weitwanderer, die aus dem Liechtensteiner Rätikon unterwegs sind ins Brandnertal oder umgekehrt.

Ausgangspunkt: Brand, Bergstation der Dorfbahn, 1400 m, Bushaltestelle am Gemeindezentrum, 1000 m; Parkplatz an der Dorfbahn.
Höhenunterschied: 650 m.

Anforderungen: Meist gut bezeichnete Pfade und Güterwege, kleiner Steigabschnitt. Kurze steile Aufstiege.
Einkehr: Innere Parpfienzalpe, Niggenkopfstüble, Palüdhütte.

Wir wandern von der Bergstation der **Dorfbahn** auf einem mäßig steigenden Güterweg über die **Innere Parpfienzalpe** (1516 m) und in einer weiten Linksschleife unter einem Skilift hindurch zum Niggenkopfstüble (1589 m). Bald geht's auf dem Gulmasteig über steile Alpweiden Richtung Amatschonjoch zur Bergstation des Skilifts. Über dem Zalimtal baut sich das Schesaplanamassiv auf. Jenseits des Brandnertals beschäftigen uns die hohen Spitzen des Valkastielkamms.
Ab der Waldkuppe **Brandner Golm** (1859 m), auch Gulma genannt, leitet uns ein Pfad, an winzigen Tümpeln vorbei, über einen beweideten, teils flachen, teils leicht steigenden Höhenrücken. Als gewaltiger Felsklotz riegelt der Tuklar das Lorenzatäli ab. Durch Latschengassen streben wir gemütlich einer weiteren Skilift-Bergstation entgegen. Als Nächstes gelangt man zu einer Gabelung. Nur noch ein kleiner begrünter Aufschwung und man steht auf dem **Amatschonjoch**. Zur Rechten erhebt sich der zerborstene Fundlkopf. Wir schauen hinein ins hinterste Gamperdonatal. Der Naafkopf ist gleichzeitig Grenzgipfel zu Liechtenstein und zur Schweiz.

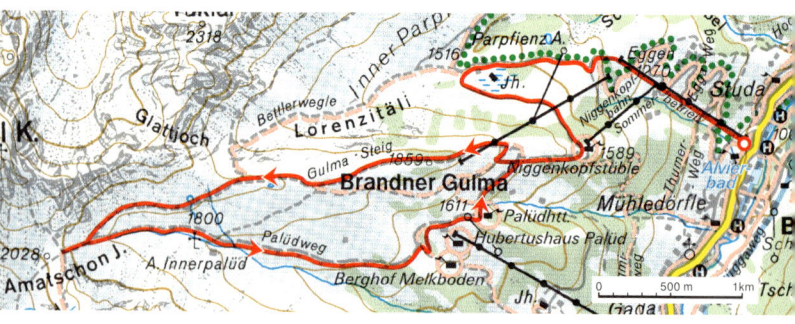

Auf dem Amatschonjoch, unter den Abstürzen des Fundlkopfs.

Nach einem regenerierenden Faulenzerstündchen begeben wir uns zurück zur Gabelung und schlendern in Gesellschaft mehrerer Murmeltierfamilien sanft bergab durch eine Weidemulde zur **Innerpalüdalpe** (1800 m). Ein Güterweg führt uns anschließend oberhalb des Palüdbachs durch aufgelockerte Waldbestände, später im Bereich einer Skiabfahrt talwärts.
An der Verzweigung kurz vor dem Berghof Melkboden gehen wir unter zwei Skiliften hindurch und mit geringem Gegenanstieg an der Alp Palüd vorbei, hinüber zur **Palüdhütte** (1660 m). Kurz danach nehmen wir die Pfadabkürzung durch ein Waldstück zum Niggenkopfstüble und zur **Bergstation**.

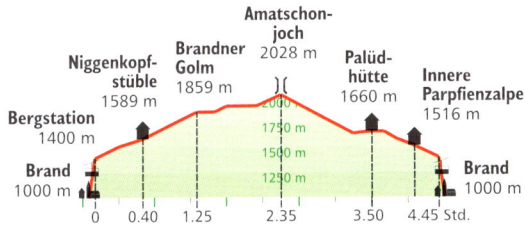

11 Innere Parpfienzalpe, 1525 m

3.30 Std.

Dorfnaher Konditionssteig

Die stimmungsvolle Mattenregion des Inneren Parpfienz kann bequem mit Hilfe der Dorfbahn erreicht werden. Wer auf das nötige Schmalz in den Waden vertraut, wird dagegen an dem in der Ortsmitte ansetzenden, knackigen Waldsteig seine helle Freude haben.

Ausgangspunkt: Brand, 1400 m, Bushaltestelle am Gemeindezentrum, 1000 m; Parkplatz an der Dorfbahn.
Höhenunterschied: 590 m.
Anforderungen: Vorbildlich bezeichnete Steige und Güterwege, Wanderweg. Langer Steilaufstieg. Abschüssige Passagen erfordern Trittsicherheit, Vorsicht bei Nässe.
Einkehr: Niggenkopfstüble, Innere Parpfienzalpe.

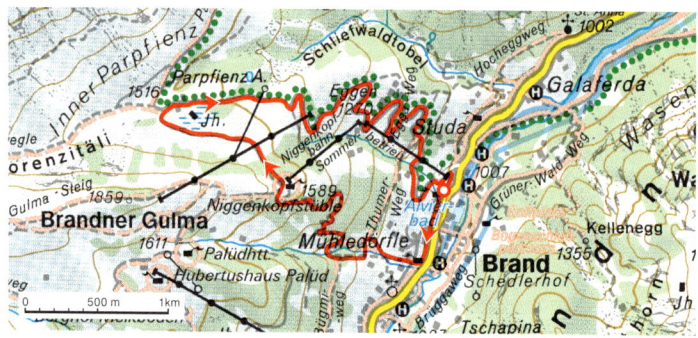

Auf dem Gehsteig vom Gemeindezentrum in **Brand** taleinwärts haltend, stößt man am Hotel Scesaplana auf den sogenannten Waldweg Richtung Niggenkopf. Der Wanderweg steigt an einem Bergbach zum **Kasperles Maisäß** (1100 m) an. Weiter geht es auf einem Steig, der sich bald mittels eines Holzstegs für das andere Ufer entscheidet. Unter einem kleinen Wasserfall wechselt die Niggenkopfroute über den Grassatobel abermals die Bachseite. Kondition fordernde Serpentinen schrauben sich nun ohne technische Anforderungen über abschüssige Waldhänge empor. Das Hinweisschild »Bier vom Fass nach 564 Schritten« hebt schlagartig die Laune. Da taucht auch schon das **Niggenkopfstüble** (1589 m) auf. Die

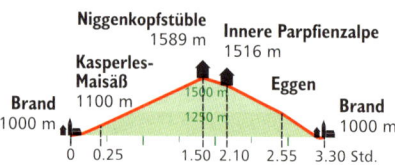

eindrucksvolle Schau zur hochalpinen Talumrahmung trägt auf der Sonnenterrasse das ihre dazu bei, dass wir uns wunschlos glücklich fühlen.
Die nächste Station ist die in einem romantischen Hochkessel gelegene **Innere Parpfienzalpe**. Wir erreichen sie auf einem sanft fallenden Güterweg über Alpweiden und unter einem Skilift hindurch. Rassiger Blickfang ist dabei der Tuklar. Auf der Mischalpe mit einer zusätzlichen Schweinezucht kann man vormittags beim Buttermachen zusehen.
Auf dem Fahrweg weiterhin talwärts schlendernd, hat man den reich gezackten Valkastielkamm vor der Nase. Wir kommen zum Hüttendorf **Eggen** (1240 m). Mit mehrmaliger Bergbahnunterquerung bringen uns teilweise weit geschwungene Wegschleifen zurück nach **Brand**.

Beim Niggenkopf schweift das Auge über die Zackenwelt des Rätikons.

12 Großer Valkastiel, 2449 m

9.30 Std.

Wadenschinder im Schatten der Zimba

Diese etwas ungehobelte Gipfelbesteigung in einem noch ursprünglichen Gebirgswinkel bietet eine überwältigende Fünftälerschau. Zielgruppe sind die erfahrenen Felsgeher, die sich in verwirrendem Schrofengelände souverän zurechtfinden.

Ausgangspunkt: Brand, 1400 m, Bushaltestelle am Alpenhof Zimba, 990 m; Parkplatz bei der Galaverdabrücke am Ortsanfang.
Höhenunterschied: 1600 m.
Anforderungen: Gut bezeichnete Steige und Forstwege, unmarkierte und ausgesetzte Steigspuren. Langer Steilaufstieg. Kletterstelle (I). Trittsicherheit, Kondition und stabiles Wetter erforderlich, nur für Geübte, als Zweitagestour zu empfehlen.
Einkehr: Sarotlahütte (Übernachtung).

Geht man vom Alpenhof Zimba in **Brand** zurück zum Ortsanfang, lenkt die Tafel »Sarotlahütte« auf den nach Bürs führenden sogenannten Waldweg, einen geteerten Forstweg am Schliefwaldbach bergab. Die Alvierbachbrücke trägt uns zum Golfplatz. Ein Stück begleitet uns in das bewaldete Bachufer. Auf der Wegkuppe am Viehstall der Hofalpe schwenken wir auf dem Ziehweg ins enge Sarotlatal ab, der nach kurzem in einen Steig wechselt. Durch eine Schneise steigt man am Sarotlabach bergan, der mittels stabiler Stege zwei Mal gequert wird und in Kaskaden zu Tal stürzt. Links der schrof-

Der Valkastielkamm flankiert die gesamte Brandnertal-Ostseite.

fe Zwölferkopf, bewegt man sich direkt auf die majestätische Zimbapyramide zu. Nach einem längeren steilen Aufstieg in vielen Kehren durch lawinengeschundenen Lärchenmischwald kommt man auf der obersten Talstufe zur kleinen **Sarotlahütte** (1611 m) unter den kecken Sarotlahörnern. Umgeben ist die behagliche Unterkunft der Alpenvereinssektion Vorarlberg, die nur mit Saumpferden und dem Hubschrauber versorgt wird, von bescheidenen Alpweiden.

Das Schild »Eisernes Törle« weist nun durch die Latschenzone ins Steintäli. Nach dem an einer Verzweigung östlich abschwenkenden, kleinen Erholungsabschnitt folgt ein Karschinder. Kurz vor dem Eisernen Törle, das die Gottvaterspitze vom Valkastiel trennt, achten wir rechts auf die Abzweigung einer Schuttsteigspur. Über einen Absatz und eine grusbedeckte Felsplatte (Vorsicht!) der Südwestflanke lässt sich der **Große Valkastiel**, der unter anderem mit einem Blick ins Montafon überrascht, zuletzt mit ganz kurzer Kletterpassage (I) aufs Dach steigen.

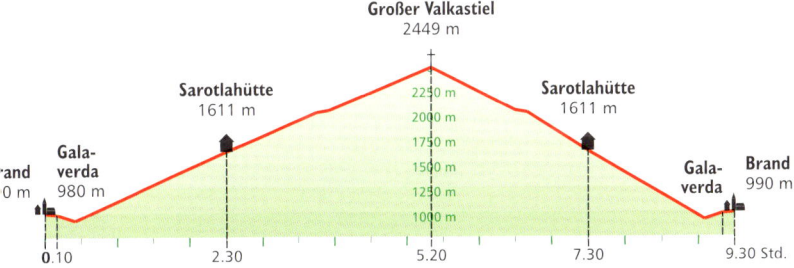

13 Kellenegg, 1320 m

Nur das Rauschen von Wasser und Wind

Viel macht der Aufstieg zum Kellenegg auf der Karte nicht her. Doch die Realität entpuppt sich wie so oft völlig anders. Das verschwiegene Rastplätzchen unter der übermächtigen Brandner Mittagspitze, wo man mit ziemlicher Sicherheit nicht mal zur Hauptwanderzeit in seiner Sonntagsruhe gestört wird, begeistert mit einem individuelleren Wegverlauf als so manch namhafter Gipfel.

Ausgangspunkt: Brand, Bushaltestelle am Gemeindezentrum, 1000 m; Parkplatz an der Dorfbahn.
Höhenunterschied: 330 m.
Anforderungen: Gut bezeichneter Güterweg und Steig. Aufstieg kurzzeitig steil. Achtsamkeit besonders bei Nässe!
Einkehr: Keine.

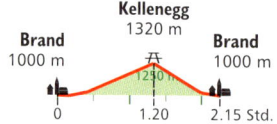

Wir folgen am Gemeindezentrum in **Brand** kurz dem Gehsteig taleinwärts, bis die Tafel »Kellenegg« über die Sägabrücke weist. Auf der Ostseite des Alviers nimmt uns ein leicht steigender Forstweg auf, der Grüne Waldweg. Nach dem Tennisplatz wird auf Holzdielen der Wildbach aus dem Rothorntobel gequert, dann biegen wir auf einen einsamen Steig ab. Dieser durchquert bergwärts gut markiert eine Pferdeweide und entschwindet anschließend in einen wilden Tobel, an dessen Eingang eine Miniaturfelsnadel aufragt. Unter einen Wandriegel duckt sich eine einladende Rastbank.
Durch Wald begleitet uns nun eine trockene Bachrinne. Weiter oben verrenkt man sich beim Bestaunen der glatten Plattenschüsse fast den Hals. Wo sich zwei Felsplatten vom Verband gelöst haben, um nun senkrecht aufgestellt geduldig darauf zu warten, sich eines Tages talwärts zu verabschieden, trägt uns ein Holzsteg auf die andere Seite der Rinne. Eine weitere Platte stellt sich in den Weg.
Man wechselt den oberen Rinnenrand und steht gebannt unter einem atemberaubenden Felsenmaul. Der schmale, abschüssige Rücken der schweißtreibenden Schlussetappe erfordert ein aufmerksames Gehen. Hübsch ist der Tiefblick auf Brand. Wenig später entsendet das breite Massiv der Brandner Mittagspitze einen ungeheuerlichen Schuttstrom in die nun unter

uns gähnende Tiefe des Rothorntobels. Gleich darauf trifft man beim lauschigen **Kellenegg** ein, einer Rastbank mit kleinem Tisch. Junge Fichten und Kiefern behindern etwas die Aussicht in den hochalpinen Talschluss. Wer mag und trittsicher ist, kann dem anfangs noch markierten, später undeutlichen Steig ein Stück weiter folgen. Am Rückweg nehmen wir nach dem Tennisplatz gleich die Wanderwegabkürzung zum Gemeindeamt in **Brand**.

Urige Felsformationen gestalten den Aufstieg zum Kellenegg recht eindrucksvoll.

14 Schattenlaganthütte, 1483 m

3.00 Std.

Wo das Herz des Rätikons schlägt

Ein besonderes Naturschauspiel am genüsslichen Spazierweg zur Schattenlaganthütte im Seetal, zu Füßen der höchsten Rätikonberge, zaubert der kraftstrotzende Kesselfall des Alvierbachs.

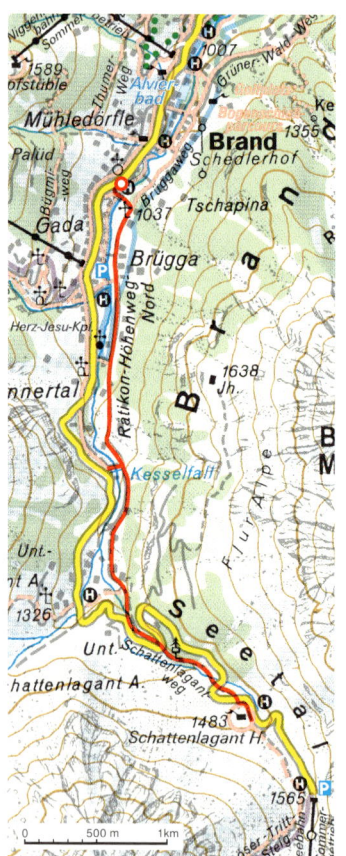

Ausgangspunkt: Brand, Bushaltestelle bei der Kirche, 1037 m; Parkplatz.
Höhenunterschied: 450 m.
Anforderungen: Bestens beschilderte Güterwege und Pfade, kurzes Anliegersträßchen. Mäßige Steigungen.
Einkehr: Schattenlaganthütte.

Bei der Kirche in **Brand** orientieren wir uns am Wegweiser »Schattenlaganthütte« und spazieren auf einem Wanderweg zur Alvierbrücke. Auf der anderen Seite leitet ein Güterweg, ab der Aubrücke für eine Weile ein Anliegersträßchen taleinwärts. Der Schattenlagantweg hält auf den massigen Seekopf zu und beginnt ab einem kleinen Felssturz zu steigen. Im Bereich von Alpweiden trägt uns eine Brücke über einen von der Brandner Mittagspitze niederstürzenden Bergbach. Bald darauf lohnt sich der winzige Abstecher zum übermütig tosenden, zweistufigen Naturdenkmal **Kesselfall** (1260 m), der sich hier in nur 10000 Jahren rund 30 m tief in den Hauptdolomit gefressen und im wahrsten Sinne des Wortes die Gesteinsschichten ausgekesselt hat. Ein Holzsteg überspannt die kitzligen Untiefen.

Unter dem durch verschiedene Farben, beispielsweise leuchtende Rosatöne, auffallenden Felsband des

Ein überdimensionaler Geröllstrom riegelt mit dem Seekopf bei der Schattenlaganthütte das Brandnertal ab.

Fluarschroffa wandern wir über die letzten Mähwiesen am Wildbach bergauf. Einem übermächtigen Hochgebirgskessel entwachsen die drallen Felsabbrüche des Schesaplanamassivs. Ein paar Waldkehren schwingen sich im Talschluss empor zur Lünerseestraße. Parallel dazu führt ein Pfad durch ein Weidegebiet. Seetal heißt die südöstliche Fortsetzung des Brandnertals. Nach einer Straßenquerung überwindet man unter der riesigen Seekopfschuttflanke einen Steiluferabschnitt. Mit Blick zur Douglasshütte kürzt man noch zwei Straßenkurven ab und trifft bei der **Schattenlaganthütte** ein. Während einer schmackhaften Brotzeit kann man auf der Veranda die archaischen Schichtenwindungen des Saulakopfsockels bewundern.

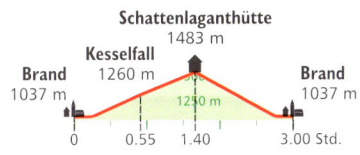

15 Berghof Melkboden, 1600 m

Unterirdische Quellen und bunte Kräuterwiesen

Der versteckte Glingabrunnen, ein seltenes Naturdenkmal am abwechslungsreichen Weg zum Berghof Melkboden, vereinigt bei gischtenden Wildbachkaskaden mehrere unterirdisch hervortretende Quellen. Diese haben ihren Ausgangspunkt am Brandnergletscher unter der Schesaplana. Auf halber Höhe wechselt der schattige Schluchtweg bei betagten Maisäßhütten in steile Bergwiesen, die im Frühsommer eine betörende Blütenpracht hervorbringen.

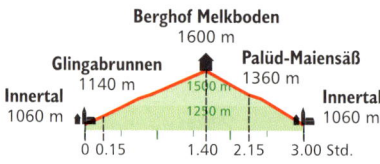

Ausgangspunkt: Innertal (Gemeinde Brand), 1060 m, Bushaltestelle an der Palüdbahn; Parkplatz.
Höhenunterschied: 540 m.
Anforderungen: Güterwege und Steig bestens bezeichnet, kurzer Wanderweg. Mittelsteile Steigungen.
Einkehr Berghof Melkboden.

Schäumende Katarakte stürzen in den sogenannten Glingabrunnen.

Der Zalimweg führt uns von der Palüdbahn (nur Winterbetrieb) in **Innertal** Richtung Oberzalimhütte. Nach der ersten Kurve zweigen wir auf einen beschilderten Wanderweg ab. Dieser Glingaweg ist eine lohnenswerte Abkürzung zum Riedstutz. Gleich hinter einer Wiese verbindet sich in der Schlucht beim **Glingabrunnen** ein in schäumenden Kaskaden niederstürzender Wildbach mit dem gebändigten Palüdbach – ein wirklich wunderbares Naturschauspiel.
Auf einem Waldsteig queren wir im weiteren Verlauf über eine Holzbrücke den Palüdbach. Eine Weile lauschen wir noch seinem »Treppenkonzert«, dann weist die Beschilderung »Melkboden« über die hier be-

Am Eingang des Zalimtals beginnt der Glingaweg.

nannte Palüdbachbrücke. Man richtet sich auf der Talschulter namens Riedstutz an der Einmündung in einen Güterweg weiterhin nach dem gewohnten Wegweiser und folgt an der anschließenden Verzweigung dem Palüdweg zum **Palüd-Maiensäß** (1360 m).
Die steilen Ziehwegkehren zum **Berghof Melkboden** im Bereich eines Skigeländes bringen unseren Kroiclauf noch ordentlich in Schwung.
Zuletzt durchwandert man artenreiche Kräuterwiesen mit Einblick in den Kessel des Zalimtals. Immer wieder fesselt dabei der mächtige Panüelerkopf.
Auf dem Abstieg nach Innertal bleiben wir, falls uns nicht der Glingabrunnen zu einem zweiten Besuch reizt, einfach dem Güterweg treu.

16 Oberzalimhütte, 1889 m

Erholungswandern mit pfiffigem Intermezzo

Das von den unvorstellbaren Kräften des Eiszeitgletschers ausgehobelte, über dem inneren Ortsende von Brand sich öffnende Zalimtal, ein typisches Trogtal, besticht durch eine hochalpine Ausstrahlung.

Ausgangspunkt: Innertal (Gemeinde Brand), 1060 m, Bushaltestelle an der Palüdbahn; Parkplatz.
Höhenunterschied: 870 m.
Anforderungen: Gut bezeichnete Güterwege und Steige mit einer ausgesetzten, aber gesicherten Passage. Trittsicherheit.
Einkehr: Oberzalimhütte, Untere Brüggelealpe.

Der Zalimweg führt uns von der Palüdbahn (nur Winterbetrieb) in **Innertal** Richtung Oberzalimhütte. Abwechselnd über Wiesenhänge und durch Wald steigt der Güterweg in wenigen Windungen zur Verzweigung auf der Talschulter namens Riedstutz an. Wir queren den Palüdbach und kommen bei der **Unterzalimalpe** (1366 m) zu den Zalimer Böden mit ihren Heubargen. Wieder ein Stück ansteigend geht es hinein ins Zalimtal. Ab der Gabe-

Heimelige Einkehr: die Oberzalimhütte.

lung am Hohen Bühel bleiben wir durch den Wald dem Zalimweg treu. Zur Linken beeindruckt der wuchtige Mottakopf. Zwei Schleifen schwingen sich über karges Weidegelände hinauf zur Mittelzalimalpe, einem Viehstall, überragt vom Felsregent Panüelerkopf. Nach einer weiten Serpentine im Talschluss empfängt uns am Rand einer Hochwanne die **Oberzalimhütte**. Der geschindelte DAV-Stützpunkt der Sektion Mannheim nennt sich auch Georg-Orth-Hütte. Auffallend ist während einer Brotzeit die vom Mottakopf herüberziehende rote Gesteinsschicht.

Das Schild »Obere Brüggelealpe« lenkt jetzt zur nahen Oberzalimalpe. Der Fürkelesteig quert bald zwischen Legföhren und unter einem Felsüberhang hindurch die Steilhänge des Ostausläufers vom Pfannenknechtle. Auf dem Schlussanstieg überschreitet man eine mit einer Eisenkette gesicherte Schuttrinne, ausgesetzt am oberen Rand. Daraufhin steigt man im Zickzack über einen steilen Grashang hinunter zur Oberen Brüggelealpe. Auf einem Güterweg spazieren wir durch einen Lärchenwald, den bedeutendsten des ganzen Landes, und erreichen die heimelige **Untere Brüggelealpe** (1469 m). Wenig später schließt sich am Hohen Bühel der Rundkurs. Auf bekanntem Weg geht's nach **Innertal**.

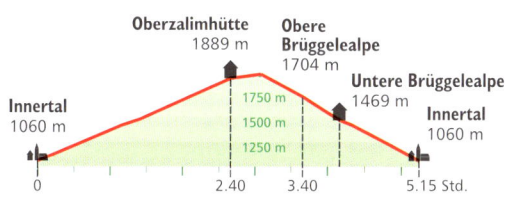

17 Panüelerkopf, 2859 m

10.30 Std.

Zweithöchster Rätikongipfel mit Bernina- und Ortlerblick

Eine Marathontour zum charaktervollen Panüelerkopf mit der höchsten Rätikonwand und einer außergewöhnlichen Fernsicht. Sowohl der Aufstieg als auch der Abstieg auf abenteuerlichen Felssteiganlagen verlangen neben Kondition auch Gewandtheit.

Ausgangspunkt: Innertal (Gemeinde Brand), 1060 m, Bushaltestelle an der Palüdbahn; Parkplatz.
Höhenunterschied: 1840 m.
Anforderungen: Gut bezeichnete Güterwege und ausgesetzte, gesicherte Steige sowie Steiganlagen. Längere steile Anstiege. Einfache Kletterstufen (I) verlangen Trittsicherheit und Schwindelfreiheit. Nur für erfahrene, ausdauernde Bergwanderer bei zuverlässigem Wetter, Vorsicht bei Nässe, keinesfalls bei Schneelage in Angriff nehmen! Als Zweitagestour zu empfehlen.
Einkehr: Oberzalimhütte (Übernachtung), Mannheimer Hütte (Übernachtung).

Waldreich öffnet sich das Brandnertal, im Hintergrund der Panüelerkopf.

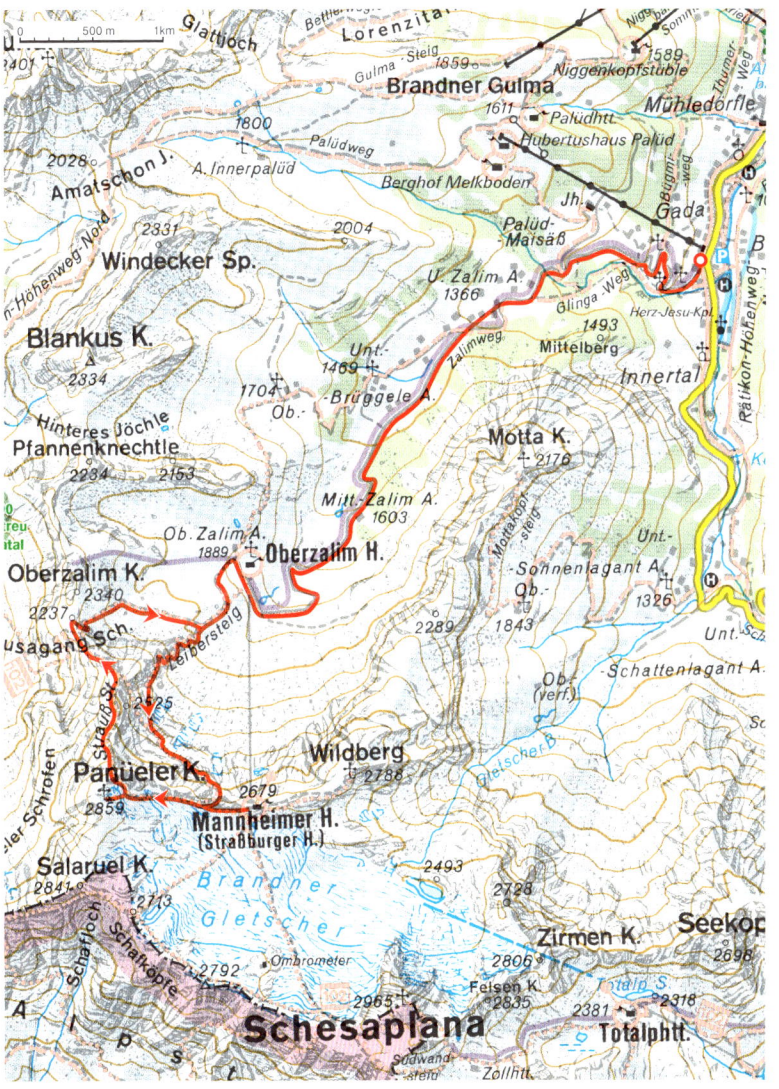

Über dem Hohen Bühel trotzt das Pfannenknechtle-Massiv.

Die erste Etappe führt auf dem Zalimweg von der Palüdbahn in **Innertal** zur Oberzalimhütte (1889 m, siehe Tour 16). Das Schild »Mannheimer Hütte« lenkt zur nahen Oberzalimalpe. Zwischen Latschenflecken streben wir dem Einstieg in die Felsen zu. Im steilen Zickzack schwingt sich der stellenweise in den Fels gesprengte, mit Drahtseilen und Eisenketten gesicherte Leibersteig zur Querung schuttbedeckter Bänder und einer Geröllhalde unter dem Panüelerkopf. Ein anstrengender Schutthang leitet zu einem Sattel auf der Abbruchkante des Brandner-Gletscher-Beckens, über die man die **Mannheimer Hütte** (2679 m) erreicht. Verlockend nah die Schesaplana. Nach einer Stärkung gehen wir kurz zurück zum Sattel und mühen uns auf dem Straußsteig nach einem Aufschwung und kleinen Flachstück über den schrofigen Ostrücken empor. Vorbei an der Gabelung auf der Nordschulter leiten Markierungen bis zum **Panüelerkopf** mit seinem Rundblick für Götter.

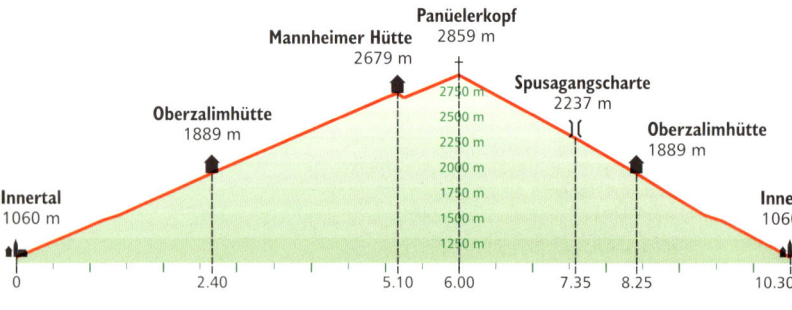

Wieder an der Gabelung geht's Richtung Nenzinger Himmel. Die älteste Steiganlage der Ostalpen mit einer Eisenleiter quert nun die schattseitige Gipfelflanke und verläuft teils auf, teils neben dem Nordgrat, der kitzlige Tiefblicke beschert. Ausgesetzte Passagen und leichte Kletterstellen (I) in gut gestuftem Fels sind mit Drahtseilsicherungen entschärft. Erst nach einer Rinne verlassen wir über die **Spusagangscharte** (2237 m, auch Oberzalimscharte) die Nenzinger-Himmel-Route auf einem unangenehm geröllbedeckten Schrofenabstieg. Über einen Latschenrücken gelangt man zur Oberzalimhütte, wo man den bekannten Weg nach **Innertal** einschlägt.

Wildberg und Panüelerkopf, der zweithöchste Rätikongipfel.

18 Mottakopf, 2176 m

5.00 Std.

Blumenreicher Brandner Hausberg

Wuchtig baut sich über der innersten Häuserschar von Brand zwischen dem Brandnertal und dem Zalimtal der dralle, begrünte Mottakopf auf. Beliebt wegen seiner artenreichen Flora und erhebenden Aussicht, ist er der Endpunkt des langen Wildberg-Nordgrates und ein steter Blickfang vom Dorf aus.

Ausgangspunkt: Brand, Bushaltestelle Sonnenlagant an der Lünerseestraße, 1270 m; Parkplatz nach der Gletscherbachbrücke.
Höhenunterschied: 910 m.

Anforderungen: Gut bezeichneter Güterweg, Pfad und abschüssiger Steig. Längere steile Aufstiege. Trittsicherheit notwendig, nicht bei Nässe!
Einkehr: Keine.

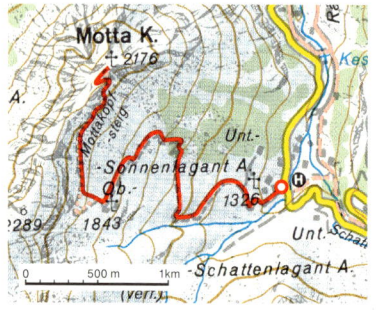

Bei der **Bushaltestelle Sonnenlagant**, am Südostfuß unseres Respekt einflößend schroffen Gipfelziels, weist das Täfelchen »Obere Sonnenlagantalpe« auf einen Güterweg. Die erste Zwischenstation nach wenigen Windungen am Gletscherbach bergauf ist die **Untere Sonnenlagantalpe** (1326 m).
Über steile und blumenreiche, zu Beginn aufgelockert bewaldete Weidehänge erreicht man in zwei riesigen Pfadschleifen die **Obere Sonnenlagantalpe** (1843 m). Das übermächtige Gipfelrund zwingt immer wieder zu Schaupausen. Im Osten bestimmen Brandner Mittagspitze, Saulakopf und Schafgafall das Bild, den Talschluss im Süden riegeln Seekopf und Zirmenkopf ab mit ihren eingelagerten Schuttkaren. Beiderseits des über Wasserfälle niederstürzenden Gletscherbachs stehen sich Schesapla-

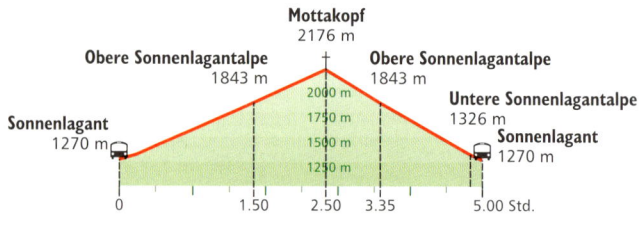

Der Mottakopf aus dem Zalimtal betrachtet.

na und Wildberg gegenüber. An der Alphütte setzt nun ein erst mal undeutlicher Steig an. Nach einem anfangs knackigen Direktaufstieg gegen den Wildberg-Nordgrat schwenkt die Route weniger anstrengend talauswärts ab, quert die abschüssige Ostflanke und heizt auf dem zunehmend schrofigeren Finale zum **Mottakopf** nochmals ordentlich ein. Der Dorftiefblick zählt zu den schönsten und nachhaltigsten Bildern der gesamten Tourenregion um das Brandnertal. Lange im Gedächtnis haften bleiben wohl auch die zerborstenen Felsabstürze zu den Zalimer Böden.

19 Lünerseealpe, 2000 m

2.00 Std.

Seerundgang in hochalpiner Umgebung

Der vergnügliche Lünersee-Uferweg entführt den Wanderer in eine faszinierende Felslandschaft unter der Schesaplana. Ursprünglich war das Glanzstück des Rätikons der größte natürliche Hochalpensee der Ostalpen. Beim Ablassen des Wassers entdeckte man vor dem Ausbau auf dem Seegrund Geweihe und Knochen von vorgeschichtlichen Rothirschen und Elchen. Vor etwa 7000 bis 8000 Jahren umkränzte demnach noch Fichtenwald den Wasserspiegel.

Ausgangspunkt: Brand, Douglasshütte an der Bergstation der Lünerseebahn, 1979 m; Bushaltestelle und Parkplatz an der Talstation, 1565 m.
Höhenunterschied: 110 m.
Anforderungen: Gut bezeichnete Pfade und Fahrwege, anfangs kurzer steiler Steigabschnitt.
Einkehr Douglasshütte.

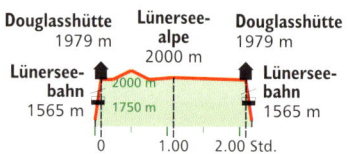

Die Wegweiser zeigen an der **Douglasshütte** Richtung Saulasteig, Lünersee-Rundweg. Wir überschreiten die Staumauer und steigen mit schönem Talblick auf einem Steig steil bergan. In wenigen Schleifen geht's unter zerborstenen Felspartien über einen teilweise grasbedeckten Geröllhang empor zum höchsten Punkt unserer Rundwanderung. Jetzt ist es an der Zeit innezuhalten, den Blick über die weite Runde gleiten zu lassen und hineinzuhören in diese große Stille.

Über grasiges Buckelgelände bummeln wir hinunter zum Seeufer bei einer kleinen Hütte. Alle Abzweigungen bleiben in der Folge unbeachtet. Auf dem nunmehr flachen und stets breit ausgetretenen, unter schroffen Bergflanken verlaufenden Pfad treffen wir nach der Querung des Verabachs bei der **Lünerseealpe** ein. Über uns das Gafalljoch an der Grenze zu Graubünden, über das einst die Walser nach Vorarlberg einwanderten. Zur Linken die zackige Grathöhe der Kirchlispitzen.

Weiter geht's am Südufer unter den Kanzelköpfen vorbei. Ab dem Materialaufzug zur Totalphütte schlendern wir schließlich auf einem Fahrweg am Fuße der Seekopfflanke entlang zur **Douglasshütte** mit einem sehenswerten Gletscherschliff. Es ist dies bereits der dritte Hüttenbau an dieser Stelle. Die ursprüngliche Schutzhütte wurde von einer Lawine weggerissen, den zweiten Bau verschlang der aufgestaute See.

Frühsommerlicher Lünersee.

20 Schesaplana, 2965 m

6.00 Std.

Gletschergeschmücktes Wahrzeichen von Brand

Die unglaubliche 2400 m über der nahen Alpenstadt Bludenz gipfelnde Schesaplana entwächst als nicht sonderlich großer Dreikant dem Becken des Brandner Gletschers. Das eigentlich Beeindruckende am Rätikonregent ist das gesamte Massiv mit den Trabanten Zirmenkopf, Felsenkopf, Schafköpfen, Salaruelkopf, Panüelerkopf und Wildberg.

Ausgangspunkt: Brand, Douglasshütte an der Bergstation der Lünerseebahn, 1979 m; Bushaltestelle und Parkplatz an der Talstation, 1565 m.
Höhenunterschied: 990 m.
Anforderungen: Gut bezeichnete Steige (Drahtseile), am Anfang Güterweg. Längere steile Aufstiege. Abschüssige Passagen erfordern Trittsicherheit, alpine Erfahrung und zuverlässiges Wetter. Vorsicht bei Schneelage!
Einkehr: Douglasshütte, Totalphütte.

Wir folgen von der **Douglasshütte** unter der wild zerfurchten Seekopfflanke dem Fahrweg am Westufer des Lünersees, bis der Schesaplanasteig abzweigt. Geröllhalden traversierend mühen wir uns über zunehmend steilere Hänge mit Querung einer Runse in engen Kehren empor zum Doppelbau der **Totalphütte** (2381 m), die auf dem südlichen, schrofigen Begrenzungsrand der vom Totalpsee geschmückten Hochmulde steht. Prächtige Blickfänge gibt die reich gezackte Seeumrahmung ab.
Durch die eventuell firngekleidete Karwanne mit mittlerweile leider verlandeten Seen nähert sich der Schesaplanasteig den Füßen von Zirmenkopf und Felsenkopf, deren Schuttströme wir nun an ihrem unteren Rand berüh-

Die majestätische Schesaplana (rechts) mit ihren beiden Trabanten Zirmenkopf und Felsenkopf ist das Wahrzeichen des Brandnertals.

ren. Über wieder steilere Schrofen gelangen wir zum oberen Bereich der Toten Alpe. Hier mündet eine Alternativroute von der Hütte ein. Diese empfiehlt sich bei wetterbedingter Steinschlaggefahr.

Wir betreten nach einem schuttigen Steilaufschwung den mit Drahtseilen gesicherten Einschnitt namens Kaminle. Von einem weit bis in den Sommer hinein schneegefüllten Minikar quert man im Bogen den abschüssigen Gipfelhang (Drahtseile) und erreicht über den schrofenbesetzten Südostgrat in Kürze die ersehnte **Schesaplana**. Der Rundblick umfasst neben zahlreichen Gebirgsgruppen der Nördlichen Kalkalpen und oftmals gletschergekrönten Zentralalpen auch einen respektablen Anteil der Westalpen, bis zum Monte Rosa und Dom.

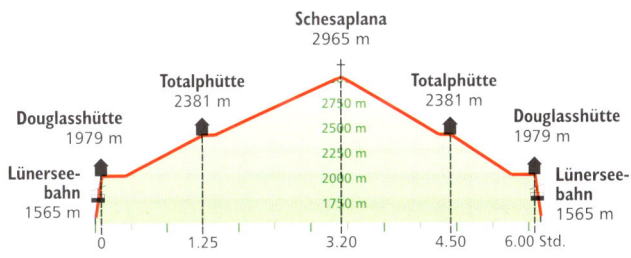

21 Saulakopf, 2517 m

6.45 Std.

Spannender Zweieinhalbtausender mit Montafonschau

Der vom Rellstal aus betrachtet recht klobige Saulakopf ist aus dem Seetal über den Lünersee und einen luftigen Steig zugänglich, den man wegen möglicher Lawinenreste nicht zu früh im Jahr anpacken sollte. Das Gipfelpanorama wird durch so namhafte Gestalten wie der Montafoner Paradegruppierung Sulzfluh, Drei Türme und Drusenfluh bereichert.

Ausgangspunkt: Brand, Bushaltestelle an der Talstation der Lünerseebahn, 1565 m; Parkplatz.
Höhenunterschied: 1120 m.
Anforderungen: Gut bezeichnete Steige und Steigspuren. Längere steile Aufstiege. Ausgesetzte, gesicherte Passagen, teilweise mit einfachsten Kletterstellen, verlangen Trittsicherheit und etwas Übung. Vorsicht bei Nässe, nicht bei Schneelage!
Einkehr: Douglasshütte.

Ein Steg trägt uns bei der Talstation der **Lünerseebahn** über den Alvier-Oberlauf. Daraufhin klettert ein Zickzacksteig über den Latschenhang am Nordostfuß des Seekopfs empor. Unter den Seekopfwänden wird eine Geröllflanke gequert. Nun überlistet der Böse Tritt (Drahtseile) eine Schrofenstufe, bevor wir auf Vandanser Gemeindegebiet über begrüntes Gelände am Lünersee die **Douglasshütte** (1979 m) mit der Bergstation erreichen.
Unser Wegweiser zeigt Richtung Saulajoch. Wir überschreiten die Staumauer und wandern mit schönem Talblick über dem Seetal entlang der runsendurchzogenen, mitunter schrofendurchsetzten Krummholzsteilhänge vom Schafgafall. Erst leicht fallend, später wieder allmählich ansteigend, helfen Drahtseile moralisch über ausgesetzte Stellen hinweg.
Auf dem **Saulajoch** (2065 m), das mehr einer langen Hochmulde äh-

Felsschichtung am Saulakopfmassiv.

nelt, beginnt der Gipfelaufstieg. Über die zu Beginn noch mit Legföhren gekleidete, im weiteren Verlauf von einem grasigen Schuttfächer überzogene Südseite windet sich ein immer schweißtreibenderer Steig empor. Vom Felsansatz leiten zwei Drahtseileinlagen in die mitunter geröllbedeckte Südwestflanke hinüber. Steigspuren neben dem Grat warten nochmals mit einer Seilsicherung und kaum nennenswerten Kletterstellen auf. Ohne jegliche Probleme steigt man dem **Saulakopf** aufs Dach.

Im Nordosten über der Heinrich-Hueter-Hütte ragt neben der Brandner Mittagspitze die Zimba auf, jenseits der Seetalfurche der Schesaplanastock. Ein Großteil des Montafons liegt uns zu Füßen. Doch was sich da in der Ferne erst alles aufbaut: Lechtaler Alpen, Verwall, Silvretta, Bernina, Albula ...

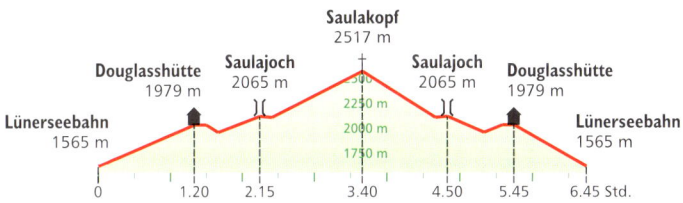

22 Schafgafall, 2414 m

2.30 Std.

Schweigender Berg über dem Lünersee

Wer sich im Hochgebirge in Bergbahnnähe auf die Suche macht nach einem leicht erschwinglichen und lohnenswerten Halbtages-Gipfelziel, auf dem dazu noch möglichst nicht Gott und die Welt herumtrampeln, wird erfahrungsgemäß selten fündig. Der Schafgafall über dem Lünersee ist solch eine Rarität.

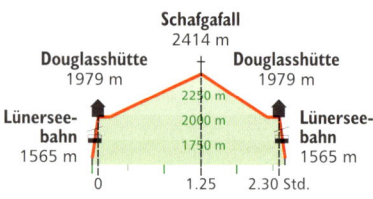

Während des Aufstiegs zum Schafgafall protzt der Seekopf mit seiner Körperfülle.

Ausgangspunkt: Brand, Douglasshütte an der Bergstation der Lünerseebahn, 1979 m; Bushaltestelle und Parkplatz an der Talstation.
Höhenunterschied: 440 m.
Anforderungen: Meist dürftig bezeichnete Steige und Steigspuren. Kurze steile Anstiege. Trittsicherheit sowie ein wenig Orientierungssinn und Übung im touristisch unerschlossenen Steilgelände angebracht. Nicht bei Nebel!
Einkehr: Douglasshütte.

Die Wegweiser zeigen an der **Douglasshütte** Richtung Saulajoch, Lünersee-Rundweg. Wir überschreiten die Staumauer und steigen mit schönem Talblick auf einem Steig steil bergan. In wenigen Schleifen geht's unter zerborstenen Felspartien über einen teilweise grasbedeckten Geröllhang empor. An der Gabelung bei einem Gedenkstein begeben wir uns für kurze Zeit auf den erholsamen Lünerweg. Vor uns erheben sich der Zaluandakopf und der Roßberg. Noch ein gutes Stück vor der Lünerkrinne, dem Übergang zur Heinrich-Hueter-Hütte, zweigen links unmarkierte Steigspuren ab, die durch eine Rinne spürbar dem Rand einer

Als stattlicher Doppelgipfel ragt der Schafgafall über dem Seetal auf.

Einsattelung am Südfuß des Schafgafall-Hauptgipfels zustreben. Die hier anzutreffende Kleinlandschaft ist ständigen Veränderungen unterworfen. Der im Erdboden wasserlose Anhydrit einst im Triasmeer gebildeter Gipslager wird bei der Verbindung mit Wasser wieder zu Gips. Unterstützt durch die Niederschläge quillt er relativ rasch in die Höhe. Seine Fülle wächst dabei um die Hälfte an. Durch physikalische Lösung kommt es zur Anlaugung und somit zur Bildung trichterartiger, fremdländisch anmutender Gipslöcher. Östlich unter uns öffnet sich das Rellstal. Über den erst mal nicht sonderlich steilen, später wieder anstrengenden und zuletzt schuttbedeckten Südhang, mit Steinmännchen markiert, gewinnt man den höchsten Punkt auf dem **Schafgafall**. Der Nordgipfel ist etwas niedriger. Die namhaften Erhebungen des hinteren Brandnertals und des äußeren Montafons beschäftigen das Auge während einer stillen Gipfelbrotzeit. Ein besonders anziehendes Bild gibt der in der Tiefe flimmernde **Lünersee** ab.

23 Zwischen Bludesch und Ludesch

2.30 Std.

Auwaldspaziergang im Walgau

Auf dieser unbeschwerten Bummeltour kann man in vollen Zügen die Einsamkeit des weiten Auwaldes genießen. Ein geschichtliches Kuriosum am Rande: Bludesch war zusammen mit den Gemeinden Ludesch, Thüringen und Thüringerberg bis 1804 exterritoriales Gebiet des Klosters Weingarten.

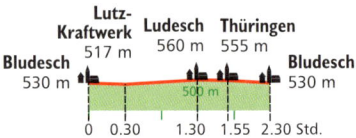

Ausgangspunkt: Bludesch am Nordrand der Walgau-Ebene, Bushaltestelle beim Gemeindeamt im Unterdorf, 530 m; Parkplatz.
Höhenunterschied: 40 m.
Anforderungen: Teilweise beschilderte Wirtschafts- und Forstwege. Frei von Steigungen. Orientierungssinn erforderlich.
Einkehr: Ludesch, Thüringen.

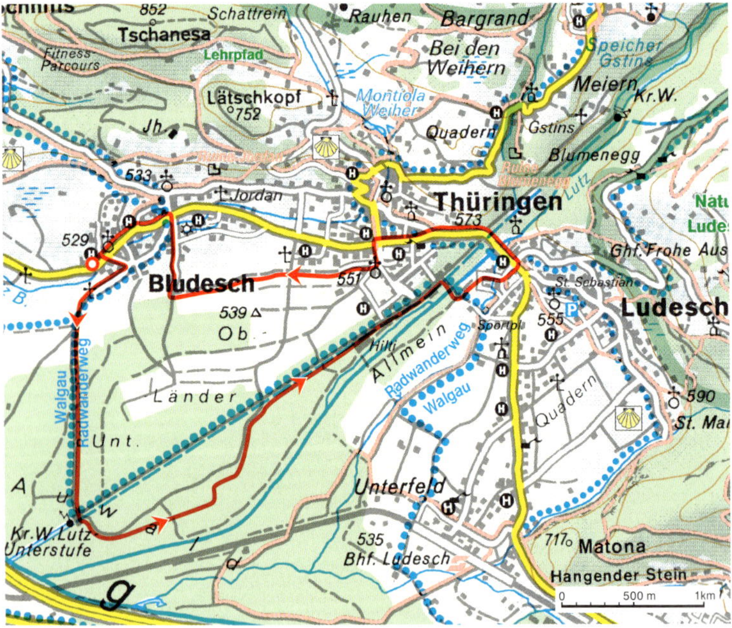

Gegenüber der Gemeinde in **Bludesch** folgen wir der Schulgasse, bis das Schild »zum Radweg« auf ein Wirtschaftssträßchen weist. Wir spazieren über die Walgau-Ebene, halten uns an einer Gabelung Richtung Thüringen und tauchen bald darauf in den Auwald unter. Die ungestörte Frische und die Komfortroute lassen den Geist rasch zur Ruhe kommen. Fichten und Kiefern bestimmen das Bild des begehrten Naherholungsgebietes.

Nach dem **Lutz-Kraftwerk** (517 m) nahe der Mündung der aus dem Großen Walsertal herbei strömenden Lutz entscheiden wir uns rechts für die ungeteerte Forstfahrbahn. An der nächsten Kreuzung geht es geradeaus und an der darauf folgenden Gabelung biegt man abermals rechts auf einen Waldweg ab. Dieser mündet später links in einen breiteren Forstweg.

Wo man wieder auf das Wirtschaftssträßchen von vorhin stößt, öffnet sich das **Große Walsertal**. Hinter uns versammeln sich die Höhen des westlichsten Rätikons. Am Dorfrand von Thüringen gehen wir an einer Fabrik vorbei und nehmen am Ortsende den Radweg über die Lutzbrücke nach **Ludesch** (560 m) am Fuß des Hohen Frassen. Der Ort war im Mittelalter Gerichtssitz. Einen kleinen Seitblick lohnt die Pfarrkirche Zum Hl. Sebastian.

Ein Fußgängerweg bringt uns zurück über die Lutz und durch ein Waldstück nach **Thüringen** (555 m). Eine bedeutende Persönlichkeit des Ortes sowie der Vorarlberger Alpingeschichte war der Textilfabrikant John Sholto Douglass, der Begründer des Alpenvereins. In der Ortsmitte schlendern wir links zur St.-Anna-Kirche und gelangen auf einem Wirtschaftsweg mit Zimbablick wieder nach **Bludesch**.

Die Ludescher Kirche.

24 Nostalgietour nach Ludescherberg

Auf den Spuren der Walser

Der kurzweilige Weg der Walser Einwanderer nach Raggal entführt uns aus dem Tal der Ill empor zu den sonnigen Bergwiesen der alten Walsersiedlung Ludescherberg. Bis 1925 war dieser Fußweg und Viehtrieb die einzige Verbindung der hoch gelegenen Bauerndörfer mit Bludenz.

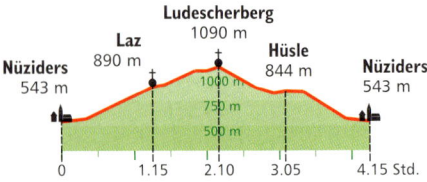

Ausgangspunkt: Nüziders, Bahnhaltestelle, 543 m; Parkplatz auf der Nordseite.
Höhenunterschied: 570 m.
Anforderungen: Gut bezeichnete Pfade, Steige und Forstwege, kurzes Anliegersträßchen. Mittelsteile Aufstiege.
Einkehr: Keine.

Markanter Blickpunkt: der Hängende Stein am Ortsrand von Nüziders.

Wir gehen in **Nüziders** auf der Nordseite der Bahnhaltestelle rechts zum Sparladen und nehmen den Gehsteig Richtung Camping. An der Kirche schlagen wir einen Links-rechts-Haken und wählen am Ortsende den Messweg. Der zu Beginn von einem Sturzbach begleitete Waldpfad quert einen Forstweg und schlängelt sich empor nach **Laz** (890 m). Erst in der auf einer kleinen Bergschulter in außergewöhnlicher Lage angesiedelten Parzelle, die schöne Tiefblicke auf Bürs und Nüziders schenkt, stellen wir mit Genugtuung fest, wie rasch wir an Höhe gewonnen haben. Mit schroffen Flanken öffnet sich das Brandnertal. Den Talschluss beherrscht die Schesaplana.

Wir orientieren uns an der Beschilderung »Alter Walserweg« und wandern auf einem gemütlichen Forstweg Richtung Ludescherberg. An der Materialseilbahn zur Frassenhütte wechselt die wieder ansteigende Route in einen Steig. Auf natürliche Weise wird der obere Nitztobel gequert. Ab dem so bezeichneten Steinle, einer kleinen Felsformation, geht es flach an Steilhängen entlang nach **Ludescherberg** (1090 m), wo der Blick über den Walgau frei wird.

Beim ehemaligen Schulhüsle beginnt ein Pfad, der abwechselnd über Bergwiesen und Viehweiden und durch ein Waldstück hinunter zur Parzelle **Frohe Aussicht** (880 m) leitet. Man passiert ein Feuchtbiotop und folgt dem Anliegersträßchen zu einer Gabelung. Der Hüsleweg bringt uns nun mit kleinem Gegenanstieg zur Einöde Hüsle. Dort stoßen wir auf einen Waldweg, der später von einem Pfad abgelöst wird. Zuletzt treffen wir auf einem Forstweg wieder in **Nüziders** ein.

25 Hoher Frassen, 1979 m

Panorama vom Piz Buin bis zum Säntis

So unscheinbar dieser »Fast-Zweitausender« auch wirken mag, als Aussichtsberg darf der Latschenschopf in höchsten Tönen gerühmt werden. Umflossen von der Ill, der Lutz und dem Marulbach, verkörpert der Bludenzer Hausberg den westlichsten Eckpunkt des Lechquellengebirges.

Ausgangspunkt: Bludenz, Bergstation der Muttersbergbahn, 1384 m; Bushaltestelle und Parkplatz an der Talstation, 665 m.
Höhenunterschied: 700 m.

Anforderungen: Gut bezeichnete Pfade, Steige, Güterwege. Mittelsteile Aufstiege.
Einkehr: Madeisastüble, Frassenhütte, Berggasthof Muttersberg.

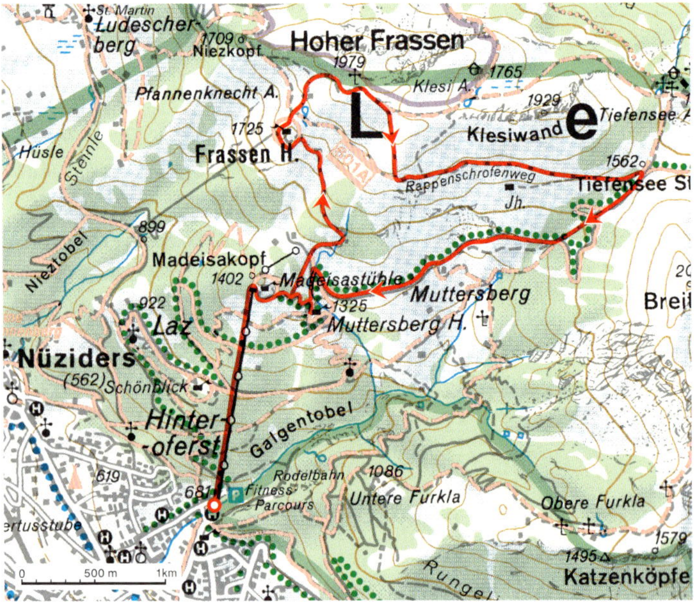

Der Bludenzer Frassenweg, ein Pfad, leitet von der **Bergstation** mit dem Madeisastüble über Lichtungen zu einer kleinen feuchten Hochebene. Anschließend überwindet ein Steig in mitunter etwas anstrengender Steigung, ein paar Bachrinnen querend, die steilen Waldhänge empor zu der auf einer begrünten Geländestufe stehenden **Frassenhütte** (1725 m) der Alpenvereinssektion Vorarlberg. Die Aussichtswarte ist wie geschaffen für die Bewunderung der Ratikon-Gipfelwelt: Grate und Spitzen, Wände und Kammschneiden, graue Ödkare, aber auch grüne Alpkessel und all die namhaften Charaktergestalten. Im Südosten macht über dem inneren Montafon die Silvretta mit dem Piz Buin auf sich aufmerksam und hinter der Walgauwanne gehört jenseits des Alpenrheins der Säntis noch zur Blickspanne.

Hoher Frassen von Thüringen.

Über einen schmalen, teilweise freien Rücken und etwas östlich davon setzen wir unsere Panoramaroute fort. Abschließend schlägt der Aufstieg einen Bogen zum Südwestrücken, über den man den bis oben hin mit Krummholz gekleideten Gipfel erreicht. Spätestens jetzt wird jedem klar, wieso der Name **Hoher Frassen** in Bergwandererkreisen so eine große Bedeutung hat.

Über den kurzen Südostkamm wandernd beachten wir das Täfelchen »Tiefenseesattel«. Nach einem grasigen Abstiegsrücken quert der Rappenschrofenweg die lange, bewaldete Südflanke der Klesiwand. Im **Tiefenseesattel** (1562 m) tritt beherrschend die Rote Wand in Erscheinung. Der Bludenzer Tiefenseeweg, ein später flacher Güterweg, leitet jetzt zur alten Walsersiedlung **Muttersberg** (1309 m), einer Parzelle von Nüziders, mit Berggasthof und kleinem Teich. Zwei Wegschleifen können dabei auf einem Pfad durch eine Mulde abgekürzt werden. Nach kurzem Gegenanstieg gelangen wir wieder zur **Bergstation**.

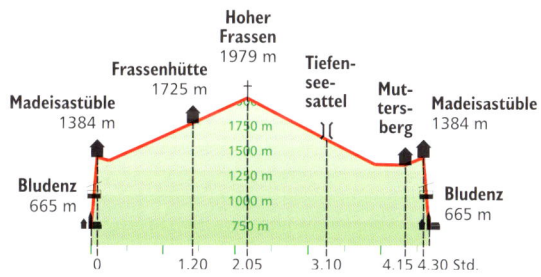

26 Katzenköpfe, 1495 m

5.30 Std.

Gepflegter Aufstieg durch erfrischendes Buchengrün

Gleich fünf Täler treffen bei Bludenz zusammen: der Walgau, das Große Walsertal, das Klostertal, das Montafon und aus dem Rätikon das Brandnertal. Die relativ niederschlagsreiche Gegend hat zur Folge, dass an manchen Berghängen ungewohnt üppige Buchenbestände vorherrschen. So auch am bequemen Furklaweg zu den Katzenköpfen unter der Elsspitze. Wer es sportlich mag, kann auch auf Wanderpfaden eine Aufstiegsroute zusammenbasteln.

Ausgangspunkt: Bludenz, Bahnhof, 560 m; Parkplatz.
Höhenunterschied: 940 m.
Anforderungen: Durchwegs gut beschilderte Forstwege, erst zum Schluss ganz kurzer Abschnitt auf einer Pfadspur. Unterschiedlich steiler Anstieg.
Einkehr: Keine.

Los geht's am Bahnhof in **Bludenz**. Wir bummeln hinauf in die Altstadt mit ihren bewahrten Bürgerhäusern und romantischen Laubengängen und kommen zur Kirche. Auf der Spitalgasse und deren Verlängerung, dem Oberfeldweg, beachten wir die Wandertafel »Obere Furkla« und folgen später der Furklastraße. An der Straßengabel am Bergfuß orientiert man sich an der Beschilderung »Furklaweg«.

Nur kurz asphaltiert steigt der Armatin-Höhenweg durch einen prächtigen Buchenmischwald mäßig über eine weit gezogene Kehre auf dem Montikel zur Hinterebene an. Der nun spürbar steilere Furklaweg, ein Forstweg, bringt uns zum Rütieck. Wieder weist der Wegzeiger »Obere Furkla« den richtigen Kurs. Durch lichten Wald und nicht mehr ganz so steil gestattet der

Über den Katzenköpfen erhebt sich die Elsspitze.

Hauptweg zu den Hütten **Untere Furkla** (1080 m) hervorragende Talblicke auf Nüziders.
Zwischendurch gibt's nun sogar Erholungsabschnitte. Dann folgen ein paar Wegschleifen, bevor nach einer leichteren Passage – wobei wir stets die gewohnten Wegweiser beachten – das wieder etwas anstrengende Finale zu den Wochenendhütten **Obere Furkla** (1460 m) ansetzt. Auf einer unmarkierten Pfadspur quert man schließlich herrliche Buckelböden und erreicht in Kürze die unscheinbaren **Katzenköpfe**. Unter den wilden Türmen der Elsspitze erheben sich die Heuberge, hoch gelegene Bergmäder. Im würzig duftenden Latschenmeer sitzend kann man sich von diesem märchenhaften Aussichtsbalkon nicht so schnell wieder trennen. Weit schweift das Auge über die Tallandschaften und zu den schneidigen Felsgestalten des Rätikons.

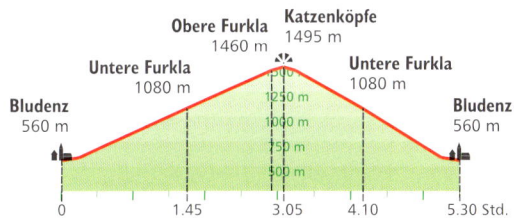

27 Hochgerach, 1985 m, und Hüttenkopf, 1976 m

5.00 Std.

In der Südwestecke des Bregenzerwaldgebirges

Genau genommen kann man auf dieser exzellenten Panorama-Höhenwanderung sein Bergtagebuch um vier Gipfel bereichern, wenn auch das Laternser Kreuz zugegeben recht eng mit dem Hochgerach-Hauptgipfel verwachsen ist.

Ausgangspunkt: Schnifis, Bergstation der Schnifisbergbahn (Mo geschlossen) in Schnifiserberg, 1334 m; Bushaltestelle und Parkplatz an der Post.
Höhenunterschied: 840 m.

Anforderungen: Gut bezeichnete Pfade und Steige, erst auf dem letzten Abschnitt Güterweg. Längere steile Aufstiege, Vorsicht bei Nässe!
Einkehr: Gasthaus Hensler, Alpe Älpele.

Von der Bergstation mit dem Gasthaus Hensler in **Schnifiserberg** steigt der Älpeleweg, ein Pfad, zwischen Waldflecken über Weidehänge bergan zur **Alpe Älpele** (1560 m) mit dem nebenan stehenden Fernsehturm. Ganz in der Nähe befindet sich auch das Gerachhaus. Die weite Rätikon-Blickspanne über dem Walgaubecken lässt Hochgefühle aufkommen. Das Schild »Hochgerach« lenkt uns nun auf den Gratweg. Durch Wald geht es östlich abbiegend gemütlich zu einem Sattel zwischen dem Bergschopf Kopes und dem Rappenköpfle. Schattseitig öffnet sich das Laternser Tal. Auf einem Steig mühen wir uns durch den bald spürbar anziehenden, sogenann-

Hüttenkopf und Kuhspitze mit der Ortschaft Thüringerberg.

ten Kellertobel, ein schmales Hochtälchen, empor zum **Rappenköpfle** (1864 m). Die Markierung beachtend umgeht man die folgende Schneide des Walserkamms etwas rechts im Steilgras und gelangt über den Westgrat auf den begrünten Vorgipfel, das Laternser Kreuz. Mit einem unwesentlichen Höhenverlust steigt man anschließend dem 10 m höheren **Hochgerach** aufs Dach. Was für eine Formenvielfalt gestaffelter Bergketten! Zum Rätikon gesellen sich die Schweizer Berge, der Gipfelreigen des Bregenzerwaldes, das Lechquellengebirge, das Verwall und die Silvretta. Nach kurzem Abstieg in ein Joch bereichert ohne Schwierigkeiten Gipfel Nummer 3 mit einer ähnlich rühmenswerten Rundschau unsere kleine Sammlung, der **Hüttenkopf**.

Zurück auf dem Hochgerach entscheiden wir uns für den Abstieg über den Südrücken zum unscheinbaren Goppeskopf. Nach wenigen Kehren über einen Strauchhang wandern wir durch eine Alpwanne und erreichen die **Äußere Alpila-Alpe** (1535 m) unter dem Rappenköpfle. Der Schnifner Gerachweg, ein Güterweg, führt uns zurück nach **Schnifiserberg**.

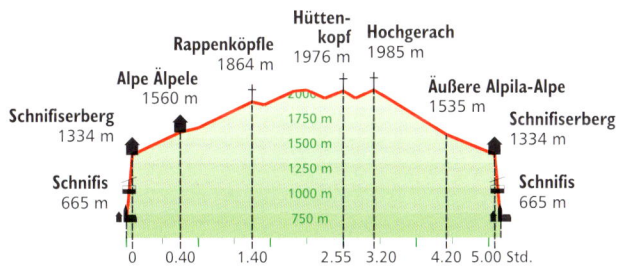

28 Der Walserweg nach Blons

5.00 Std.

Auf alten Pfaden durchs äußere Große Walsertal

Der historische Walserweg, auf dem man immer wieder Erläuterungen über Kultur und Geschichte des Tales findet, ist eine vor der Zeit des Straßenbaues von den Talbauern angelegte Dorfverbindung.

Ausgangspunkt: Thüringerberg, Bushaltestelle an der Tankstelle, 867 m; Parkplatz am Gemeindeamt.
Höhenunterschied: 660 m.
Anforderungen: Gut bezeichnete Pfade, Güter- und Feldwege, kurzes Anliegersträßchen. Unterschiedlich steile Steigungen. Ausgesetzte Abschnitte verlangen Trittsicherheit, eine gesicherte Stelle.
Einkehr: Blons, St. Gerold (Abstecher).

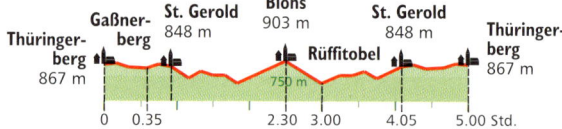

Die Route beginnt an der Tankstelle in **Thüringerberg**. Kurz der Straße Richtung Sonntag folgend, zweigt am Ortsende Richtung St. Gerold ein Fahrweg ab, der mit Ausblick nach Raggal bergab zur Parzelle **Im Loch** führt. Bei einem alten Haus taucht ein Pfad im Wald unter. Ein Sicherungsseil erleichtert ein wenig den rutschigen Abstieg zur Brücke über den Wildbach des Rottobels.

Nach einer soliden Fußgängerbrücke geht's wieder gemütlich aber mitunter etwas ausgesetzt an einem Steilhang entlang zu den Anwesen von **Gaßnerberg** (830 m). Das vorletzte Haus wurde im Januar des Lawinenjahrs

Auf dom Walserweg nach Blons.

1954 von einer Staublawine weggefegt. Allein in Blons kamen damals 57 Menschen ums Leben. Ein kleines Stück spaziert man nun auf einem verkehrsfreien Sträßchen bergan. Bevor wir auf die Talstraße stoßen, zeigt das Walserweg-Täfelchen erneut auf einen talwärts leitenden Pfad. Über einem Wasserfall quert man mittels einer Eisenbrücke den felsigen Hölltobel. Der Bach trieb früher für das Kloster **St. Gerold** (848 m) die Säge und Mühle an. Von der Propstei senkt sich der Weitwanderweg, gleichzeitig Parcours, im Zickzack abermals über einen Respekt einflößenden Schluchtsteilhang. An einer Gabelung bleibt man dem Klosterweg treu. Später folgt man einem Forstweg bergauf, bis die Walserweg-Beschilderung auf den Pfad Richtung Blons weist, der nach einer Bachquerung und dem anschließenden Teich von einem unwesentlichen Güterwegabschnitt unterbrochen wird. Über eine zweite Wiesenlichtung müssen wir kurz weglos rechts an einem Heustadel vorbei. Danach wird auf einem Holzsteg der Rüffitobel überschritten. Im weiteren Verlauf schwingen sich undeutliche Feldwegwindungen bergan, bis an einem Stadel ein Pfad abzweigt und durch einen letzten Waldfleck zur Kirche von **Blons** (903 m) führt. Zurück nach **Thüringerberg** kann man auch den Bus nehmen.

29 Tälispitze, 2000 m

6.30 Std.

Höchster Gipfel des Walserkamms

Die Tälispitze ist der einzige Zweitausender des zwischen dem Laternser Tal und dem Großen Walsertal verlaufenden Walserkamms. Diese aus steilsten, berüchtigt lawinenträchtigen Flyschflanken aufgebaute Gipfelkette, durch eine ganze Reihe von wilden Tobelkerben gegliedert, erstreckt sich vom Muttkopf bei Düns bis hin zum Furkajoch.

Ausgangspunkt: Thüringerberg, Bushaltestelle am Feuerwehrhaus, 877 m; Parkplatz bei der Kirche.
Höhenunterschied: 1120 m.

Anforderungen: Gut bezeichnete Güter- und Forstwege sowie Pfade, zuletzt Steig. Kurze steile Aufstiege.
Einkehr: Alpenheim Gaßneralpe.

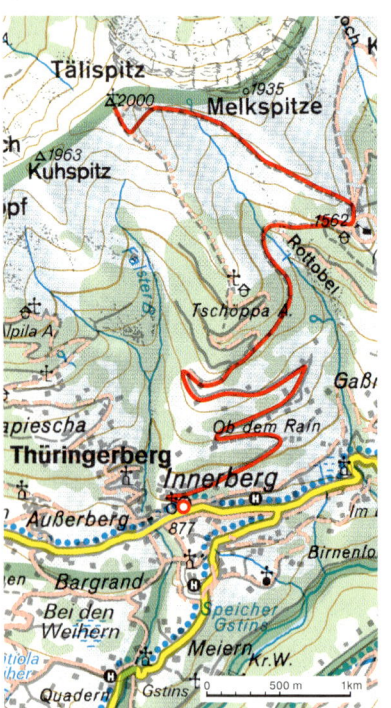

Bei der Gemeinde in **Thüringerberg** beginnt ein geteerter Güterweg, der hauptsächlich über Bergwiesen in weiten Schleifen zur Parzelle **Oberrain** (1120 m) ansteigt. Ein erst noch geteerter Forstweg wechselt an einer Verzweigung Richtung St. Gerold in einen flachen Waldweg und kurz darauf in einen Pfad, der an steilen Waldhängen entlangführt. Wir überschreiten den Rottobel und gelangen zuletzt auf dem von St. Gerold über Gaßnerberg kommenden Güterweg zum **Alpenheim Gaßneralpe** (1562 m). Die Mischalpe mit einem knappen Dutzend Schweine steht auf einer Geländestufe am Südostrücken der Melkspitze. Hier wird noch eine Alpsennerei betrieben. Jenseits der von der Lutz gebildeten Waldschlucht dehnen sich unter dem Hohen Frassen die Streusiedlungen von Raggal aus. Hinter dem Walgaubecken stehen die Rätikonberge Parade.

Nach einer kleinen Stärkung weist die Tafel »Tälispitz« auf einen Zieh-

Aussicht von Marul über Raggal zur Tälispitze im vorderen Großen Walsertal, rechts die breite Melkspitze.

weg. Dieser quert in angenehmer Steigung die von Lawinenabgängen gezeichnete, abschüssige Flanke der Melkspitze hinein ins sogenannte Täli. Ein Pfad leitet zu einem winzigen Schuppen in einer Weidemulde. Vom Fuß unseres Gipfelziels mühen wir uns auf einem Steig empor zum wenig ausgeprägten Igelkopf und streben über den grünen Südostgrat ohne jegliche Probleme der **Tälispitze** zu. Die westseitige Fortsetzung des Walserkamms trägt die Kuhspitze sowie den Hüttenkopf und den doppelgipfligen Hochgerach. Im Norden erheben sich über dem Laternser Tal der Hohe Freschen und die Hohe Matona und im Lechquellengebirge bannt das stattliche Felstrapez der Roten Wand den Blick. An klaren Tagen reicht die Sicht bis zum Bodensee.

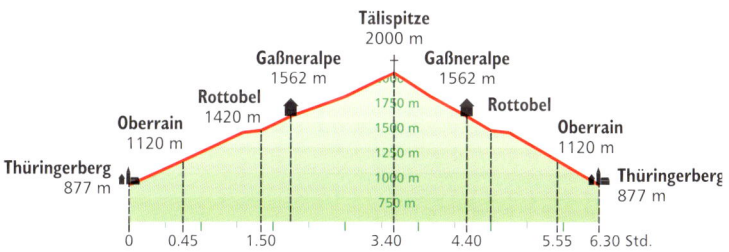

30 Gehrenspitze, 1871 m, und Kreuzspitze, 1947 m

6.30 Std.

Dreigipfeltour mit anregenden Graten

»Spitzen« wie die weitgehend unbekannte Kreuzspitze heißen bei den Walsern »Spitz«. Diese eindeutig anspruchsvollere Unternehmung im östlichen Abschnitt des Walserkamms wartet auf den gelegentlich steilen Grashängen und Gratverbindungen des Gipfeltrios mit nicht immer markierten Steigen auf.

Ausgangspunkt: St. Gerold, Bushaltestelle am Gemeindeamt, 910 m; Parkplatz am Geroldshus.
Höhenunterschied: 1110 m.
Anforderungen: Teilweise bezeichnete Güterwege, Pfade und Steige. Kurze Steilaufstiege verlangen etwas Kondition, ausgesetzte Etappen Trittsicherheit, Vorsicht bei Nässe!
Einkehr: Keine.

Die Tour startet am Gemeindeamt in **St. Gerold**. Wir nehmen den Gehsteig taleinwärts zum Geroldshus. Ein bequem steigendes Anliegersträßchen schenkt in zwei ausholenden Serpentinen über Streusiedlungen Richtung Plansott bereits die schönsten Ausblicke. Ab der Parzelle **Gurtinal** (1140 m) wandern wir auf einem Forstweg am Maisäß »In den Bündten« vorbei und nehmen die letzten Kehren zur **Plansottalpe** (1558 m) in Angriff. Vom Maisäß ist auch eine Pfadabkürzung möglich.

Das Schild »Gehrenspitz« lenkt auf einen Ziehweg, der über dem Rüffitobel an Weidehängen entlang leitet. Ein kurzer Pfadaufstieg bringt uns nach der Querung eines Strauchhangs zur allerwinzigsten Hirtenhütte **Schäfis** (1680 m) am Rand einer Hochwanne. Die nun spärlich markierte Route führt auf einen Absatz und unter der jäh abstürzenden Kreuzspitze über Weideböden. Wir überschreiten einen kleinen Bachlauf und steigen im

Zwergsträucher kleiden den Gipfel der Gehrenspitze am Südrand des Bregenzerwaldgebirges.

Bogen hinauf zum bereits sichtbaren Wegweiser im Schäfisjoch zwischen der Gehrenspitze und der Mutabellaspitze. Plötzlich überraschen neben dem Rätikongebirge einige Silvrettagipfel. Der problemlose Zwergstrauchrücken leitet schließlich unmarkiert zur **Gehrenspitze** mit Rheintalblick. Ein unmarkierter aber stets deutlicher Steig verläuft nun über die von ein paar Miniaturfichten geschmückte, schmale Gratverbindung mit einer kaum nennenswerten Kletterstelle und geringem Höhenverlust zu einem Sattel. Danach schwingt sich ein steiler Gegenanstieg empor zum kreuzlosen Grasgipfel **Schäfiskopf** (1901 m). Der nächste Abstieg erfolgt über den Südrücken zum Kuhjöchle. Dort beginnt der ausgesetzte und im oberen Bereich Kondition fordernde Schlussaufstieg zur **Kreuzspitze**. Auch für den Südostgrat zur **Plansottalpe** ist aufmerksames Gehen angesagt, bevor uns der bekannte Kurs nach **St. Gerold** aufnimmt.

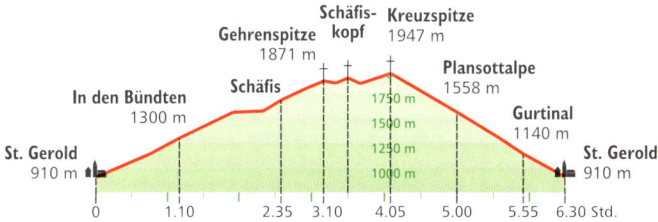

31 Löffelspitze, 1962 m

6.30 Std.

Wo im Winter die Lawinen donnern

Die Steilgrasberge in der näheren Umgebung der Sentumalpe schüchtern direkt etwas ein. Im weiteren Umkreis begeistern charaktervolle Felsgestalten, sogar die Schesaplana tritt mit auf die Bühne. Dazwischen heimeln die typischen Streusiedlungen des Großen Walsertals an.

Ausgangspunkt: Blons, Bushaltestelle 300 m nach dem Ortsende, 890 m; Parkplatz kurz vorher.
Höhenunterschied: 1072 m.

Anforderungen: Güterwege, Pfad und Steig ausreichend bezeichnet, anfangs Mautsträßchen. Kurzer steiler Anstieg.
Einkehr: Sentumalpe.

An der Bushaltestelle 300 m nach dem Ortsende von **Blons** beginnt das über aussichtsreiche Bergwiesen ansteigende Mautsträßchen Richtung Hüggen. Dieses windet sich an den Parzellen **Walkenbach** und **Valentschina** (1180 m) vorbei bis zum Valentschina-Parkplatz am Beginn des Bergwaldes. Prächtig gestaltet sich die alpine Umrahmung des hintersten

Blons wird von der Löffelspitze (Mitte) überragt.

Tals. Über den Häusern von Garsella ragt die Kellaspitze auf und jenseits des Ladritscher Tobels zeigt sich das spitze Türtschhorn.

Auf einem schattigen Güterweg wandern wir hinauf zur **Hüggenalpe** (1480 m), die am Südfuß des mit Lawinenverbauungen bewehrten Falvkopfs auf einer Lichtung steht. Der Güterweg verschwindet nun wieder im Wald. Erholsam spazieren wir unter dem Mont Calv, einem ebenfalls Unheil bringenden Lawinenberg, und der Grenzspitze zur Querung eines jungen Tobelbachs. Nach einer Schleife über Alpgelände trifft man bei der **Sentumalpe** (1614 m) ein, auf der man eine würzige Bergkäse-Brotzeit bekommt. Eigentlich muss man eher von einem kleinen Alpdorf sprechen, das da am Fuß der Mutabellaspitze wechselvolle Landschaftsbilder vor Augen führt.

Ein mitunter undeutlicher Pfad überwindet jetzt einen Aufschwung und leitet wieder gemütlich in Begleitung des Weideviehs an einem Quellbach entlang durch eine Hochwanne auf unser Bergziel zu. Westlich abschwenkend bringt uns ein steiler Steig durch eine bunte Alpenflora zu einem Sattel. Zum Schluss gelangen wir über den kurzen Südwestrücken auf die **Löffelspitze**.

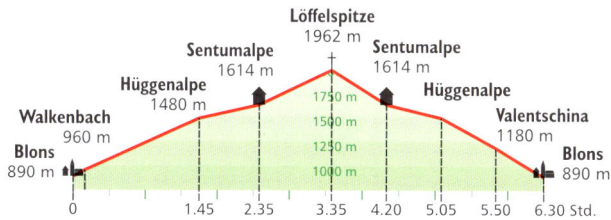

32 Entlang der Lutz nach Buchboden

4.15 Std.

Der hintere Walserweg

Im Unterschied zur ersten Walserwegetappe von Thüringerberg nach Blons, die stets oberhalb des unzugänglichen Talgrundes mehrere Tobel quert, folgt der Wegabschnitt durchs hintere Große Walsertal in deutlich harmloserer Manier dem wilden Lutzufer.

Ausgangspunkt: Bushaltestelle in Garsella (Gemeine Blons) bei der Abzweigung nach Raggal, 735 m; Parkplatz am äußeren Ortsrand.

Höhenunterschied: 180 m.
Anforderungen: Gut bezeichnete Güterwege und Pfade. Mäßige Steigung.
Einkehr: Buchboden, Abstecher Sonntag.

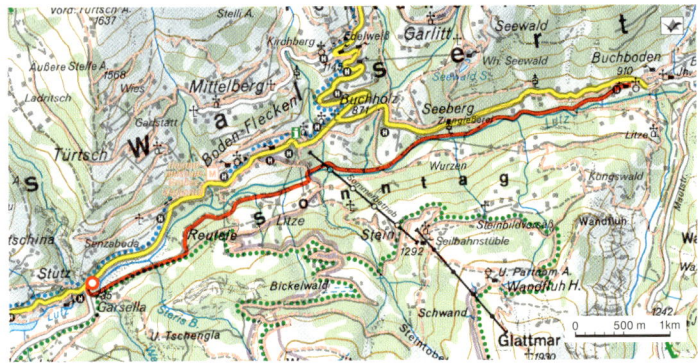

Wir gehen in **Garsella** an der Abzweigung nach Raggal über die Lutzbrücke und begeben uns auf den entspannenden, als Walserweg ausgeschilderten Güterweg am bewaldeten Bachufer Richtung Buchboden. Nach einer kleinen Steigung wechselt die Route an einem einzelnen Häuschen kurzzeitig in einen Pfad, ebenso für eine Wiesenquerung unter der Sonntager Spitzturmkirche. Hinter dem Sportplatz geht's über die sogenannte Steinbrücke. Früher, als noch ein beschwerlicher Fußweg zur Parzelle Stein hochführte, überspannte eine Holzbrücke die launische Lutz. Heute existiert neben einem Güterweg auch eine Gondelbahn.

Wenig später trägt uns eine Holzbrücke über einen Seitenbach. Anschließend folgt abermals ein Pfadabschnitt,

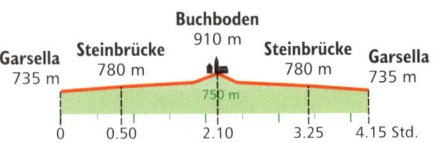

der den Faschinabach quert. Die alte Brücke hatte im Sommer 2002 ein fürchterliches Unwetter fortgespült. Ein zwischendurch asphaltierter Güterweg bringt uns mit einer abschließenden Steigung nach **Buchboden** (910 m). Von der Überlutbrücke bietet sich zuvor noch der ganz kleine Abstecher zur Schwefelquelle an, einer Heilquelle mit Rastplatz und Wassertretanlage.

Eng drängen sich die Bergflanken an die innerste Dauersiedlung des Großen Walsertals heran: zur Linken der Waldfuß des Blasenkagipfels, dahinter der mächtige Zitterklapfen und auf der Südseite die düsteren Abstürze der Wangspitze. Wird die Zeit für einen Rückweg zu knapp, kann man auch mit dem Bus zurück nach **Garsella** fahren.

An der ungestümen Lutz nahe Buchboden im hinteren Großen Walsertal.

33 Erlebniswege zwischen Raggal und Marul

2.45 Std.

Zwei Mal über den urigen Lasanggatobel

Die 1789 erbaute Lasanggabrücke war bis zum Jahr 1884 bedeutender Bestandteil des Hauptverkehrswegs von Raggal ins hintere Große Walsertal. Heute ist die betagte Brücke denkmalgeschützt und die letzte ihrer Art in der Region. Lasanka bedeutet treffend Wildbach. Einst stand hier in der Tiefe des Marulbachs neben einer Mühle und Säge sogar eine Taverne.

Ausgangspunkt: Raggal, Bushaltestelle bei der Walserhalle, 975 m; Parkplatz.
Höhenunterschied: 380 m.
Anforderungen: Gut beschilderte Pfade, Fahrwege und Anliegersträßchen, kleines Stück auf öffentlicher Straße. Kurze kräftige Steigung. Bei Nässe nicht empfehlenswert.
Einkehr: Marul.

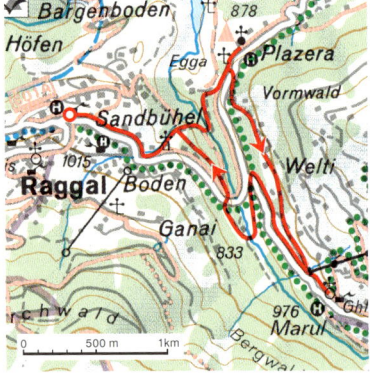

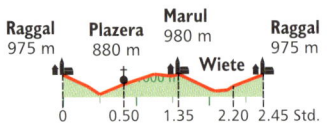

Modernes Brückenbauwerk zwischen Raggal und Marul.

Wir gehen in **Raggal** von der Walserhalle bergab durchs Dorf und folgen am Ortsende dem Gehsteig, bis die Wiesenspur nach Wiete abzweigt. Dieses Einzelanwesen erreicht man auf einem steil am Tobel entlangführenden Waldpfad. Wenig später überspannt die holzgedeckte **Lasanggabrücke** (780 m) den tosenden Marulbach. Eine Ziehwegserpentine und zuletzt ein unbedeutendes Stück auf der Straße leiten bergauf zu den hübsch gelegenen Häusern von **Plazera** (880 m), die einen kleinen Abstecher wert sind.

Der Raggaler Filialort Plazera und das Türtschhorn.

Wir wenden uns kurz zurück zum Ortsbeginn und wählen den angenehm steigenden Pfad durch Wald und über kleine Wiesen Richtung Marul. Dabei gewinnt man ein einprägsames Bild der typischen Walsergemeinden Raggal, St. Gerold und Blons. Ab der Einöde Vorwald bringt uns ein leicht fallendes Anliegersträßchen an einem uralten, rutschgefährdeten Walserhaus vorbei. In **Marul** (980 m), dem anmutigen Bergdörfchen mit auffallend roter Kirchturmzwiebel, bietet sich ein Gasthaus zur behaglichen Einkehr an. Zurück geht es nun erst mal auf der öffentlichen Straße, bergab zur modernen Marulbachbrücke. Dort entschwindet ein Fahrweg, die alte Straße, in die Talsohle. Eine kleine Brücke, die dritte zwischen Raggal und Marul, führt zur Säge. Unter dem beeindruckenden Straßen-Monsterbrückenbauwerk hindurch wechselt die Route in einen flachen Pfad. An einer Gabelung steigen wir hinauf zum Anwesen Wiete und nehmen dort den bekannten Rückweg nach **Raggal** auf.

34 Elsbachtobel, 1170 m

2.45 Std.

Kleine »spritzige« Entdeckungswanderung

Man sieht es der individuellen Schnuppertour in eines der ursprünglichen Seitentäler des Großen Walsertals nicht durchwegs an, dass es sich um eine offizielle Wanderroute handelt. Verwendet sie doch teilweise das Bett eines breiten Wildbachs als Weg, um zum versteckten Elsbachwasserfall zu gelangen.

Ausgangspunkt: Bhst. an der Kirche in Marul (Gemeinde Raggal), 976 m; Parkplatz.
Höhenunterschied: 330 m.
Anforderungen: Teilweise spärlich bezeichnete Pfade und Steige, anfangs Forstweg. Kurzer steiler Aufstieg. Orientierungssinn erforderlich.
Einkehr: Keine.

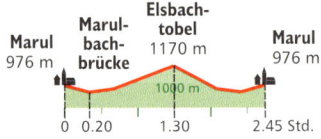

Am Parkplatz unterhalb der Kirche in **Marul** weist uns die Beschilderung »Wanderweg Marul – Laguz« auf einen durch Mischwald leicht talwärts führenden Forstweg. Jenseits des Marulbachs schnellt eine

Die einsame Parzelle Hof, dahinter Elsbachtobel, Tiefenseesattel und Klesiwand.

mordsmäßige, von einem kleinen Sturzbach durchzogene Schrofenflanke in die Höhe. Der im weiteren Verlauf steinige Fahrweg verläuft ein Stück am wilden Wasserlauf entlang, auch Lasanggabach genannt. Ein Holzsteg trägt uns ans andere Ufer. Der nun blau-gelb markierte, durch das breite Bachbett führende Pfad verleiht der Unternehmung einen etwas abenteuerlichen Charakter. Zwischen Fichten hindurch muss man über ein Schotterbett, das vom mehrarmigen Elsbach durchflossen wird. Hier sollte man seinen Spürsinn für die »trockenste« Route walten lassen. Solche Minuten sind das »Salz in der Suppe des Bergwanderers«. Da lacht verschmitzt und beinahe vergessen der Lausbub in uns.

Der Elsbach stürzt kurz darauf als gischtender Wasserfall über eine Felsstufe. Anschließend schwenkt der wieder eindeutige Kurs links ab und leitet über einen Holzsteg zu einem Rastplatz mit Teich.

Mit leichtem Gefälle geht's hinunter zum Marulbach.

Wir bleiben auf der rechten Bachseite und halten uns an einer Gabelung Richtung Tiefensee. Auf dem reizvollen, steilen Steig über den Fächer der Nova-Mure empor wandernd mit Einblick ins hintere Tal werden die Fichten von Latschen abgelöst. An einer Wegteilung geht's weiter bergwärts. Im oberen Teil nimmt uns wieder Wald auf. Am Zusammenfluss zweier Sturzbäche, des Elsbachs und eines vom Breithorn herunterströmenden kleinen Wildbachs, kommen wir zum weltentrückten **Elsbachtobel**. Nur mit Bergfichten und Krummholzverhau gekleidete, abweisende Bergflanken – urwaldartig.

Guggernülli, 1736 m, und Kellaspitze, 2017 m

Markante Felspyramide im westlichen Lechquellengebirge

Der westliche Nachbar der schön geformten Kellaspitze trägt den witzig klingenden Namen Guggernülli. Jahr für Jahr verzeichnet man an seinem Berghang ein Absacken, das auch das Dorf Marul bedroht.

Ausgangspunkt: Bhst. an der Kirche in Marul (Gemeinde Raggal), 976 m; Parkplatz.
Höhenunterschied: 1120 m.
Anforderungen: Gut bezeichnete Güterwege, Pfade und Steige. Längerer Steilaufstieg. Ausgesetzte, gesicherte Passagen erfordern Trittsicherheit und Übung.
Einkehr: Stafelfederalpe.

An der Walserklause in **Marul**, nahe der Kirche mit einer denkmalgeschützten Bergulme, orientieren wir uns am Wegweiser »Stafelfeder-Alpe«. Ein geteerter Güterweg schwingt sich kurvig durch den oberen Ortsteil »Unter den Buchen« und schenkt eine hübsche Aussicht auf das mittlere Große Walsertal. Weiter geht es über steile Bergwiesen zur Parzelle **Ahorn** (1180 m). Nun entscheiden wir uns für die direkte Aufstiegsvariante und schwenken bald

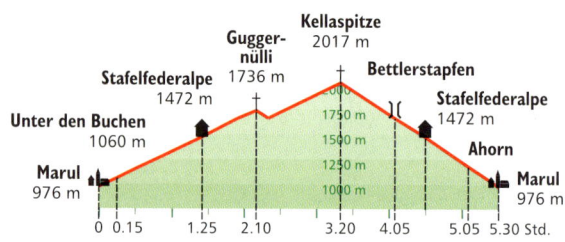

auf einen Pfad ab, der zur **Stafelfederalpe** (1472 m) leitet. Wer es gemütlich mag bleibt dabei einfach dem weit ausholenden Güterweg treu. Im Süden sehen wir die Gamsfreiheit und über dem Talschluss des Laguzbachs protzt die Rote Wand.

Das Täfelchen »Kellaspitze« weist uns jetzt auf Pfadspuren, die über Weidehänge empor zum Sattel namens Bettlerstapfen ansteigen. Im Norden säumen die Dörfer Sonntag und Fontanella die Straße auf das Faschinajoch. Nur noch ein Katzensprung ist es zum westlich aufragenden, fast bis obenhin bewaldeten **Guggernülli**. Vor dem Hohen Frassen liegt uns nun die uralte Walsersiedlung Marul zu Füßen.

Zurück auf dem Sattel setzt der Steig über den mit Latschen gekleideten Westgrat unseres zweiten Gipfelziels an. Der zunehmend steilere und schrofigere Grat wird auf der mitunter drahtseilgesicherten und ausgesetzten Schlussetappe durch technisch problemlose Rinnen südlich umgangen. Die Rundsicht auf der schattseitig in wilden Felswänden abstürzenden **Kellaspitze** hat so einiges zu bieten: über dem Großen Walsertal der lange Walserkamm und die Damülser Berge sowie der stattliche Zitterklapfen, unmittelbar im Osten das Breithorn, hinter der Roten Wand das Verwallgebirge und im Südwesten die reich bestückten Rätikonkämme.

Bei der Kirche von Marul startet die Tour auf die Kellaspitze im Lechquellengebirge.

36 Gamsfreiheit, 2211 m

8.15 Std.

Stramme Unternehmung ins Schutzgebiet Faludriga – Nova

Unser 1600 m über dem Klostertal aufragendes Gipfelziel bezieht seinen Namen aus dem Jagdrecht. So manche Rang-und-Namen-Berge bereichern das weite Blickfeld. Braunarlspitze, Rote Wand und Kaltenberg, Fluchthorn und Piz Buin, Madrisa, Sulzfluh, Drei Türme und Drusenfluh sowie Zimba und Schesaplana sind nur ein paar davon.

Ausgangspunkt: Bushaltestelle an der Kirche in Marul (Gemeinde Raggal), 976 m; Parkplatz.
Höhenunterschied: 1240 m.

Anforderungen: Meistens gut bezeichnete, geteerte Güterwege und Steige. Aufstiege kurzzeitig steil. Etwas Ausdauer.
Einkehr: Keine.

Startpunkt ist die Kirche von **Marul**. Am Ortsende folgen wir dem geteerten, zur Laguzalpe führenden Güterweg. Vor uns die Gamsfreiheit, verläuft dieser in sanftem Auf und Ab über dem unbesiedelten Talgrund zur Parzelle **Hof** (1027 m). Wir wandern durch lockeren Wald und kommen unter der Kellaspitze zu den mit Lawinenschutzanlagen versehenen Gebäuden von **Garfülla** (1118 m).
Bei der Alpe Fuchswald weist das Schild »Faludriga-Alpe« auf einen Forstweg. Nach Queren des Laguzbachs leitet uns ein Steig am Faludrigabach,

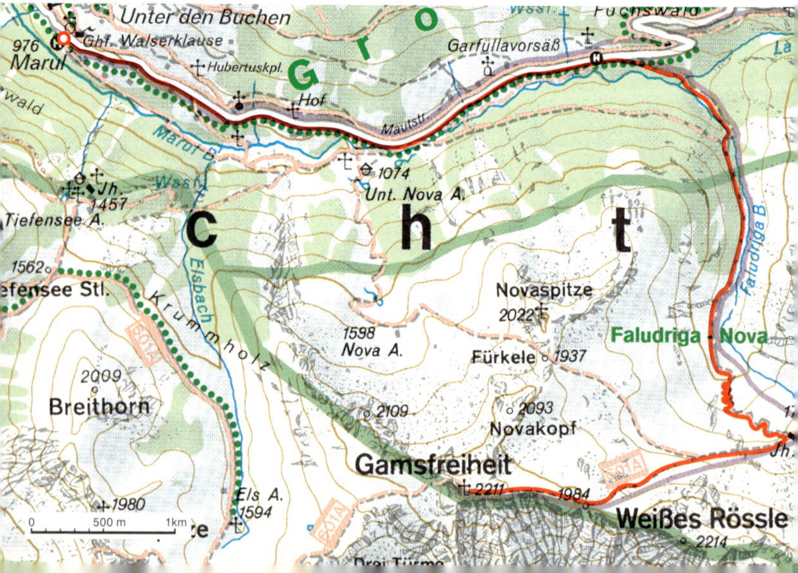

Nach Nordwesten entsendet der Gipfel der Gamsfreiheit einen zerhackten Felsgrat.

der sich hier mit dem Laguzbach zum Marulbach verbindet, bergan durch ein enges V-Tal. Das Ufer wechselnd, geht es anfangs noch meistens durch Wald, später zwischen der Novaspitze und dem langgezogenen Lusgrindgrat durch die vereinzelt mit Birken bestockte Krummholzzone des Naturschutzgebiets Faludriga – Nova. Zwischendurch in Kehren deutlicher ansteigend, streben wir der **Faludriga-Alpe** (1715 m) entgegen. Über den auf einer kleinen Verebnung stehenden beiden Hütten fesselt der zerhackte Grat vom Schafberg im Osten über die Pitschiköpfe zum Weißen Rößle. Wir halten westlich auf die Gamsfreiheit zu. Wieder in angenehmer Steigung queren wir Weidehänge und kleine Geröllhalden und gelangen über alpenrosengeschmückte Buckelböden in den Faludrigasattel zwischen Weißem Rößle und unserem Gipfelziel. Hier überrascht ein beeindruckender Tiefblick auf Braz im Klostertal. Über den zum Schluss steilen und teilweise schrofigen Ostrücken gewinnen wir die bis oben grüne **Gamsfreiheit**.

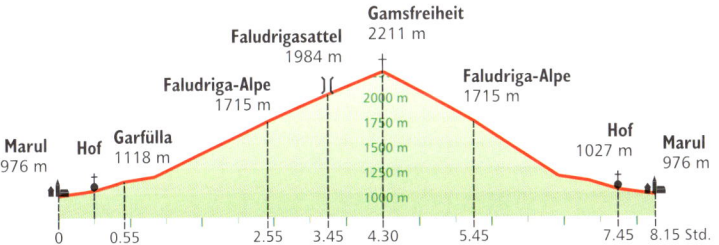

37 Seewaldsee, 1150 m

Kulturhistorisch-geologischer Spaziergang

In der Parzelle »In der Mühle«, die man nach Passieren der ehemaligen Zehentgrenze zwischen den Herrschaften Blumenegg-Werdenberg und Feldkirch-Montfort erreicht, stand vormals die höchstgelegene Mühle des Tales, früher gleichzeitig Gasthaus am alten Weg nach Damüls.

Ausgangspunkt: Bushaltestelle in Seeberg (Gemeinde Sonntag), 870 m; beschränkter Parkplatz am Ortsanfang.
Höhenunterschied: 350 m.
Anforderungen: Meist bezeichnete Pfade, Ziehwege und Anliegersträßchen. Mäßiger Aufstieg.
Einkehr: Gasthaus Seewald.

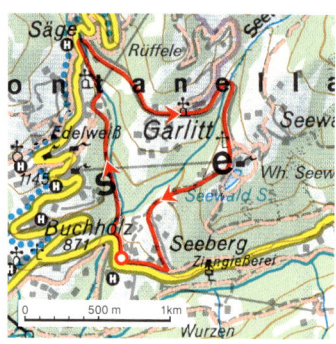

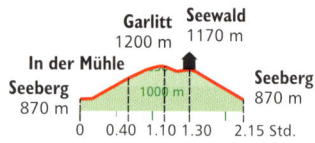

Oberhalb der Gemeinde Sonntag versteckt sich der Seewaldsee.

Wir nehmen von der Bushaltestelle in **Seeberg** kurz die Straße zurück zur Bachbrücke. Bei einem betagten Holzbrunnen, neben einem Andachtshäuschen, weist die Tafel »Mühleweg Fontanella« auf einen alten Ziehweg, der gleich anfangs den Seebergbach quert. Dieser nimmt kurz darauf den Faschinabach auf, der uns nun bergan durch einen Mischwaldtobel begleitet. Unser Kurs wechselt später in einen Pfad. Nach ein paar Kehren treffen wir zu Füßen steiler Bergwiesen in der zu Fontanella gehörenden Parzelle »In der Mühle« ein.

Wir folgen dem Fahrweg und halten uns an einer Gabelung rechts. Zwischen alten Häusern am Hang ent-

Seeberg, ein Weiler der Gemeinde Sonntag.

langschlendernd, verspürt man noch den Atem vergangener Zeiten. Wieder auf einem Pfad kommen wir an jener Stelle vorbei, wo einst das erste Haus von Fontanella stand, ein Badehäuschen mit »Schmitta«, der Schmiede. Zuletzt auf einem Karrenweg wandernd, erreichen wir bei der Straßenbrücke über den Faschinabach den Weiler **Säge** (1166 m).

Jetzt nehmen wir das Sträßchen nach **Garlitt** (1200 m). An einer Gabelung zweigen wir rechts ab und bummeln leicht talwärts zum wüsten Seewaldtobel knapp an der Grenze zwischen den wenig widerstandsfähigen Schiefertonen der Flyschzone und den kalkalpinen Gesteinen. Einen Miniatur-Wasserfall passierend, geht's zur Parzelle Seewald. Dort lenkt das Schild »Buchboden« bergab zum Gasthaus Seewald, wo nach kurzem Fahrweg-Abstecher der idyllische **Seewaldsee** zum Bad lockt.

Zurück am Gasthaus wählt man den talwärts führenden Feldweg. An einem alten Holzhaus halten wir uns links und folgen der kurzen unmarkierten Wiesenspur, bis wir wieder auf einen Pfad stoßen. Dieser bringt uns in Kehren durch einen Waldstreifen zurück nach **Seeberg**.

38 Wandfluh, 1574 m

2.15 Std.

Abgelegene Berggüter und eine kitzlige Schauwarte

Auch wenn die Wandfluh eigentlich kein so richtiger Gipfel ist, eher ein vorgeschobener Punkt des vom Glattmar nach Norden streichenden Höhenzugs, so kommt ihr doch wegen ihrer Rolle als anregender Aussichtsbalkon eine durchaus nennenswerte Bedeutung zu.

Ausgangspunkt: Sonntag, Bergstation der Seilbahn Stein, 1292 m; Bushaltestelle und Parkplatz an der Talstation, 880 m.
Höhenunterschied: 310 m.

Anforderungen: Gut beschilderte Güterwege und Pfade. Mäßige Steigungen.
Einkehr: Seilbahnstüble, Berghaus Wiesa, Partnomhüsle.

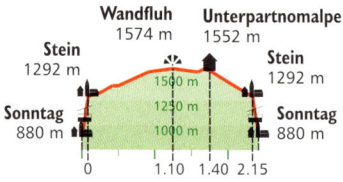

Von der **Bergstation** mit Seilbahnstüble und Berghaus Wiesa in der weltabgeschiedenen Parzelle Stein weist uns die Beschilderung »Vorderes Steinbild« auf einen leicht über Bergwiesen ansteigenden Güterweg. Das hinter Stein aufragende Breithorn macht seinem Namen alle Ehre. Bei den Berggütern Vorderes Steinbild, überragt vom Zitterklapfenmassiv, schwenken wir auf die durch Wald zum **Steinbild-Grillplatz** (1400 m) führende Route ab.

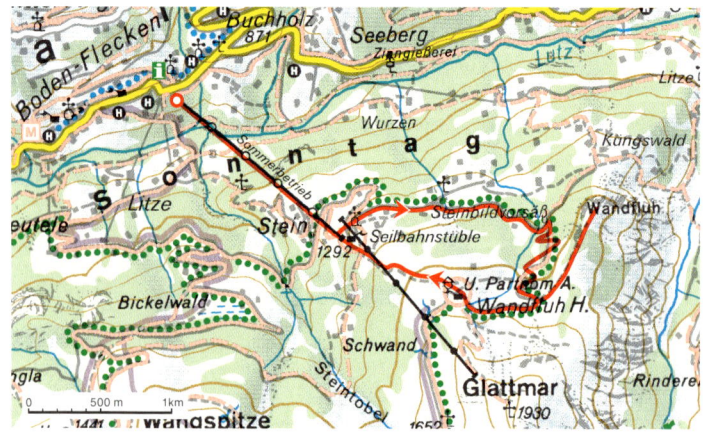

Weitabgeschieden: Vorderes Steinbild, im Hintergrund der Zitterklapfen.

Unser Wegweiser lenkt nach einer kleinen Tourenunterbrechung auf die Wandfluh zu. Diesem Respekt einflößenden Felsabbruch mit Klettergarten gehen wir erst mal kleinlaut mit großem Abstand aus dem Weg. Oberhalb ein paar Kehren zweigt ein flacher Ziehweg ab. Auf einem Waldpfad erreicht man schließlich über einen Höhenrücken ganz gemütlich den Aussichtspunkt **Wandfluh**. Erhebend ist der Tiefblick auf Buchboden, der hintersten Dauersiedlung im Großen Walsertal. Über dem Talschluss erkennt man die Biberacher Hütte. Jenseits des Hutlatals bestechen die beiden beachtlichen Felspyramiden des doppelgipfligen Matonakopfs und der Hutlaspitze, zur Rechten stolziert die gewaltige Rote Wand. Besonders an einem Herbstnachmittag, wenn die sich senkende Sonne die charaktervollen Faltengesichter der aus dem scharf eingeschnittenen Hutlatal entragenden Hauptdolomit-Gestalten zum Leuchten bringt, bleibt diese Schauwarte unvergesslich.
Zurück auf dem Güterweg kann man sich über die Weideböden der **Unterpartnomalpe** (1552 m) mit bewirtschaftetem Partnomhüsle und Sennerei, wo auch Schweine gehalten werden, ruhig Zeit lassen. Denn der Pfad hinunter zur **Bergstation** ist dann nicht mehr weit.

39 Klesenza-Alpe, 1589 m

5.00 Std.

Bequeme Wege durchs enge Hutlatal

Trotzige Berggestalten mit zerrissenem Antlitz wie der klotzige Misthaufen und seine Trabanten, die Gadnerköpfe und Klesenzahörner, bewachen das obere Hutlatal. Am wildesten gebärdet sich ein Kalkriese mit wirrem Felsendschungel: die Rote Wand, Königin des Lechquellengebirges. Zu ihren Füßen kuscht sich die Klesenza-Alpe, ein erstrangiges Wanderziel für Freunde bequemer Touren.

Ausgangspunkt: Bhst. Kirche in Buchboden (Gemeinde Sonntag), 910 m; Parkplatz.
Höhenunterschied: 760 m.
Anforderungen: Bezeichneter Güterweg. Mäßig steiler Aufstieg.
Einkehr: Unterhutla-Alpe, Klesenza-Alpe.

Von der Kirche in **Buchboden** wandern wir auf dem Mautsträßchen Richtung Bad Rotenbrunnen leicht bergab, bis uns die Beschilderung »Alpe Huttla« über die Lutzbrücke weist. Der durch die erste Schleife noch asphaltierte Güterweg leitet uns mäßig steil bergan. An einer Gabelung halten wir uns links und genießen die eigenwillige Ausstrahlung dieses beeindruckenden, aufgelockert bewaldeten Hochgebirgstales, beiderseits von schroffen Bergflanken eingenommen. Über uns gipfeln die Wangspitze, der Matonakopf und die Hutlaspitze, jenseits sockelt der Glattmar. An einem Wasserfall vorbei schlängelt sich der Weg hinauf zur **Rindereralpe** (1242 m).

Über Weideböden geht's der **Unterhutla-Alpe** (1281 m) entgegen, auch Alpe Huttla genannt. Trotzig bäumt sich nun die zerturchte Westwand der Bettlerspitze auf. Die übermächtige Szenerie verlangt immer wieder nach einem Innehalten und Staunen. Der weiterhin gemüt-

Durchs Hutlatal zur Klesenza-Alpe.

liche Güterweg überwindet Kraft schonend eine Steilstufe und schwingt sich in ein paar letzten Kehren empor zur **Klesenza-Alpe** in majestätischer Umgebung. Der romanische Name der stark von Lawinen bedrohten, kleinen Alpsiedlung mit Sennerei weist auf die vorwalserische Zeit hin. In den Gemeinschaftsalpen wie der Klesenza-Alpe hatte früher jeder Bauer seine eigene Hütte mit Wohnräumen, Keller und angebautem Stall.

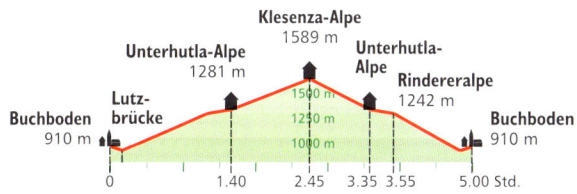

40 Wangspitze, 1873 m

5.45 Std.

»Zahmer« Berg mit wildem Gesicht

In bedrohlich wirkenden, zerborstenen Schrofenflanken stürzt die Wangspitze sowohl ins Hutlatal als auch ins Gadental ab. Einen ungewohnten Eindruck vermittelt über dem Talschluss des Gadentals die wüste Karsthochfläche des Diesner Gschröfs mit ihren Karrenfeldern.

Ausgangspunkt: Bhst. Kirche in Buchboden (Gemeinde Sonntag), 910 m; Parkplatz.
Höhenunterschied: 1040 m.
Anforderungen: Gut bezeichnete Güterwege und Steige, kurzzeitig Steigspuren. Anhaltender, besonders im mittleren Bereich Motivation fordernder Steilaufstieg.
Einkehr: Gasthaus Bad Rotenbrunnen.

Unser Aufstieg beginnt an der Kirche in **Buchboden**. Wir wandern bergab Richtung Bad Rotenbrunnen, bis das Schild »Alpe Huttla« über die Lutzbrücke weist. Ein Güterweg leitet nun mäßig steil bergan. An einer Gabelung halten wir uns links und schreiten hinein in das beeindruckende, aufgelockert bewaldete Hochgebirgstal. Der Weg schlängelt sich an einem Wasserfall vorbei zur **Rindereralpe** (1242 m). Dort zweigt ein Steig ab, der später im Zickzack über begrünte, schweißtreibende Steilhänge zur **Wangalpe** (1646 m) leitet. Man gewinnt dabei rasch an Höhe und bewegt sich bereits auf die grüne Wangspitze zu. Nach einer Schleife gabelt sich der Steig. Wir achten auf die Markierung und folgen den Steigspuren empor zum Wang-

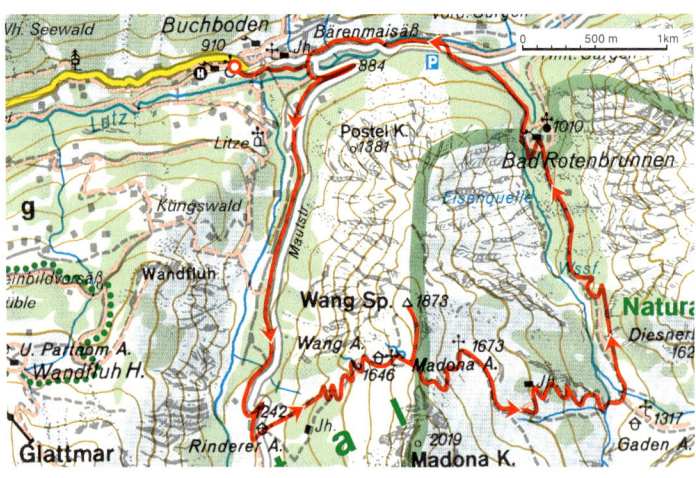

Den Beginn der Umrahmung des Gadner Gschröfs markiert die Wangspitze.

jöchle (1790 m), wo wir das Naturschutzgebiet Gadental betreten. Ohne Mühe erreichen wir über einen schmalen Grasrücken die **Wangspitze**. Zurück im Wangjöchle schlägt man den zu Beginn steilen Ostabstieg zur **Matona-Alpe** (1673 m) ein, die auf einer Bergschulter steht. Anschließend folgt eine kleine Steilstufe. Im weiteren Verlauf geht es in wenigen Güterwegkehren an einer etwas abseits gelegenen Jagdhütte vorbei, durch Krummholz und Wald, zur Querung zweier nahe der Gadenalpe herbeiströmender Quellbäche, unterirdisches Wasser des Formarinsees. Oberhalb des Matonabachs am Fuß der Diesner Höhe vergnüglich durchs Gadental auswärts spazierend passiert man Schutthalden und einen Wasserfall, bald darauf die berühmte rote Eisenquelle und kommt zum Gasthaus **Bad Rotenbrunnen** (1010 m), einem früheren Heilbad. Nach Überschreiten des Matonabachs und der Lutz schließt sich in **Buchboden** die Runde.

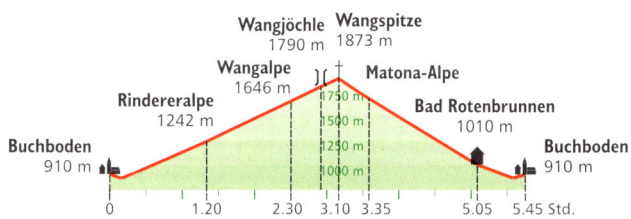

41 Biberacher Hütte, 1846 m

7.00 Std.

Wechselnde Blickwinkel im nördlichen Lechquellengebirge

Langstreckentour aus dem hintersten Großen Walsertal zu einer beliebten Alpenvereins-Schutzhütte auf dem Schadonapass: Weite Wege machen den leidenschaftlichen Bergwanderer nicht müde sondern süchtig.

Ausgangspunkt: Bhst. Kirche in Buchboden (Gemeinde Sonntag), 910 m; Parkplatz.
Höhenunterschied: 1180 m.
Anforderungen: Gut bezeichnete Güterwege und Steige. Meist angenehme Steigungen. Etwas Ausdauer erforderlich.
Einkehr: Ober-Überlutalpe, Biberacher Hütte, Ischkarneialpe.

Wir starten an der Kirche in **Buchboden**. Das Schild »Biberacher Hütte über Überlut« weist auf einen Güterweg, der über Wiesen mit Waldflecken ansteigt und den Mühletobel quert. Bald darauf winden sich zahlreiche Kehren unter dem breiten Zitterklapfenmassiv empor. Unser Kurs kreuzt nach der **Unter-Überlutalpe** (1360 m) den Alpenbachtobel und führt weiter zur **Ober-Überlutalpe** (1580 m).

Wir nehmen nun den auf die Felsenhörner der Kunkelspitze zuhaltenden Ziehweg, überschreiten den Giretobel und gelangen über teilweise latschengekleidete Buckelwiesen zu den Ställen der Alpe Ober-Überlut. Der sanft steigende Hochschereweg entpuppt sich als anfangs undeutlicher Steig. Die zwischendurch leicht fallende Höhenwanderung quert kleine Sturzbäche und unter dem schönen Kilkaschrofen einen Geröllstrom. Jen-

Braunarlspitze und Hochlicht vom Aufstieg zur Biberacher Hütte.

seits des Pregimelbachs folgt eine kurze Felspartie. Nach einem Aufschwung geht's durchs Felsentor **Ischkarneifürggele** (1940 m) und an den Viehställen der Oberen Ischgarneialpe bergab zur Gabelung »Auf der Furgge«. Über die Furggenmäder streben wir dem Schadonapass mit der **Biberacher Hütte** entgegen.

Zurück an der Gabelung »Auf der Furgge« leitet der Steig entlang beachtenswerter Schrattenkalkfelsen über Alpgelände hinunter zur **Ischkarneialpe** (1486 m), wo wir der rechten Route folgen. Nach Furten des Pregimelbachs begleitet ein langer Wasserfall durch den steilen Wald. Runsen und Bergbäche querend sind ein paar kleine Felsstufen zu überwinden, bevor wir nach dem Lutzsteg in das Forststräßchen nach **Buchboden** einbiegen.

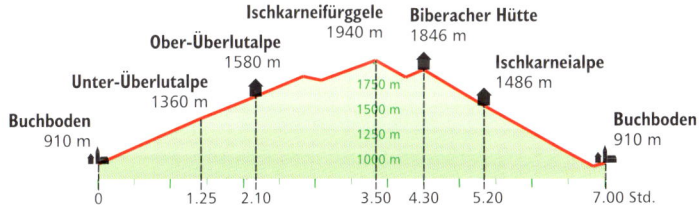

42 Hochkünzelspitze, 2397 m

3.30 Std.

Stolzer Felsenthron über dem hintersten Bregenzer-Ach-Tal

Die Hochkünzelspitze, bei den Einheimischen Hohe Künzel genannt, ist seit Jahrzehnten ein begehrter Kletterberg. Nach dem unvergessenen Vorarlberger Alpinschriftsteller Walther Flaig ist der Name Künzel auf den durchaus zutreffenden Begriff Kanzel zurückzuführen. Von der Allgäuer Bergwelt aus betrachtet, zählt das schneidige Hauptdolomittrapez zu den markantesten Erscheinungen. Die reichgestaltige, hochalpine Umgebung der Biberacher Hütte steht in deutlichem Gegensatz zu dem sanft gewellten Grün der Weideböden um den freundlichen Alpenvereinsstützpunkt. Vor einer Übernachtung kann man vom nahen Aussichtspunkt Schnabel einen stimmungsvollen Sonnenuntergang genießen.

Ausgangspunkt: Biberacher Hütte, 1846 m (s. Tour 41), Übernachtung: ✆ (05519) 257.
Höhenunterschied: 550 m.
Anforderungen: Vorbildlich bezeichneter Steig mit gesicherten Passagen. Längerer steiler Aufstieg. Nur für Geübte, Trittsicherheit und Schwindelfreiheit erforderlich. Vorsicht bei Nässe!
Einkehr: Keine.

Wir wandern von der **Biberacher Hütte** auf einem Steig nordwärts über die unterschiedlich steilen, karstigen Grasböden empor Richtung Hochkünzelspitze. Karren nennen sich die scharfkantigen Felsspalten des Schrattenkalks. Man kommt dabei am Giglturm vorbei, dem der so benannte Stadtturm des schwäbischen Städtchens Biberach seinen Namen gegeben hat. Bereits auf diesem unteren Teilstück gewinnt man eine hervorragende Übersicht über all die charaktervollen Felsengestalten des Tannbergs. Auch die beiden Allgäuer Glanzlichter Widderstein und Biberkopf wetteifern um die Gunst des Betrachters. Von der Wegverzweigung kurz vor

Ausblick von der Hochkünzelspitze über den abgeflachten Vorgipfel zum Zitterklapfen.

dem Glattjöchl mühen wir uns im Zickzack über die aufsteilenden und im oberen Bereich mit Drahtseilen entschärften Schrofenhänge empor, bevor uns der oberste Westgrat zum Vorgipfel führt. Die ebenfalls drahtseilgesicherte Steilstufe in eine Scharte hinunter verlangt besondere Aufmerksamkeit. In ein paar engen Kehren gewinnt man die **Hochkünzelspitze**.
Man weiß nicht, was man zuerst bestaunen soll, die einzigartigen Tiefblicke oder die umfassende Aussicht, beispielsweise auf das Bregenzerwaldgebirge, die Allgäuer Hochalpen, die wuchtigen Felsburgen des Lechquellengebirges, die westlichen Lechtaler Alpen, das Verwall, die Silvretta, den Rätikon, die Glarner Alpen, den Säntisstock ... 1400 m unter uns bahnt sich die junge Bregenzer Ach ihren beschwerlichen Weg hinaus zum Bodensee.

Zur Bregenzer Ach hin bricht die Hochkünzelspitze in zerborstenen Hauptdolomitwänden ab.

Braunarlspitze, 2649 m 43

Gigant zwischen dem Großen Walsertal und dem Lechtal

Das auch im Sommer von Norden gesehen schneeblinkende Massiv der gewaltigen Braunarlspitze mit Graten und Rippen, Kalkmauern und Firnkesseln ist eine der beherrschenden Erscheinungen im Lechquellengebirge. Umso überraschender ist der verhältnismäßig einfache Zugang auf dem Weimarer Steig. Dank seiner östlich vorgerückten Position beglückt der Felsbulle mit aufschlussreichen Ausblicken in die vielgipflige Lechtaler und Allgäuer Bergwelt.

Ausgangspunkt: Biberacher Hütte, 1846 m (s. Tour 41), Übernachtung: ✆ (05519) 257.
Höhenunterschied: 880 m.
Anforderungen: Bestens bezeichnete Steige, anfangs Alpweg. Kurze steile Abschnitte. Ausgesetzte, aber gesicherte Passagen verlangen Trittsicherheit und Schwindelfreiheit Nur für Geübte bei zuverlässigem Wetter, Vorsicht bei Schneelage!
Einkehr: Keine.

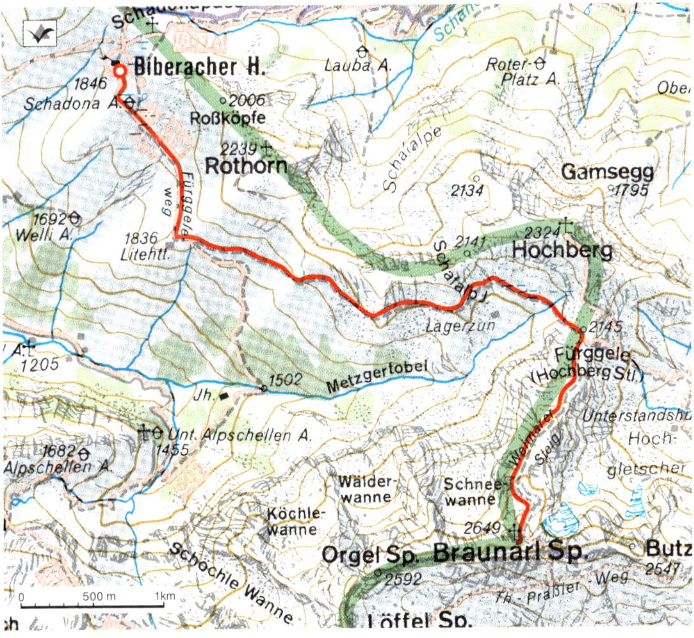

Auf der Nordostseite der Braunarlspitze, einem der höchsten Gipfel des Lechquellengebirges.

An der **Biberacher Hütte** lenkt ein Wegweiser auf den zur Braunarlspitze führenden Fürggeleweg. Der Alpweg, eine Etappe des Europäischen Fernwanderwegs E 4 alpin sowie des Großen Walserwegs, bringt uns über Weideböden hinunter zur nahen Schadona-Alpe. Über dem Talschluss des Großen Walsertals geht es anschließend bequem zu der auf einem Absatz des Rothorn-Südwestrückens stehenden, kleinen **Litehütte** (1836 m). Der bald eine Weile mäßig steigende Steig verflacht unter dem Ross wieder und

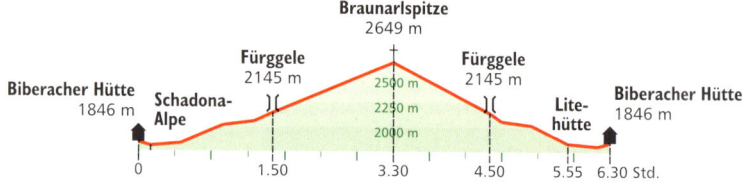

quert unbedeutende Geröllhalden. Oberhalb der Lägerzun-Jagdhütte folgt aus einer quellenreichen Hochwanne ein Aufschwung durch eine kleine Mulde ins **Fürggele** (2145 m) zwischen Hochberg und Braunarlspitze. Hinter dem Kar der sogenannten Hochgletscheralpe baut sich die dralle Mohnenfluh auf, über dem Hochtannbergpass grüßt der Widderstein.

Nun setzt der Weimarer Steig an. Der meist gemächliche, schuttige und oft bis in den Sommer hinein schneebedeckte Schrofenrücken verschmälert sich bald. Drahtseile erleichtern im Zickzack das Überwinden eines steilen, ausgesetzten Aufschwungs. Daraufhin bleibt der unvergessliche Höhengang (glatte, gesicherte Platte) in der Regel dem angenehm steigenden Nordgrat treu. Zwischenerhebungen werden auf Bändern umgangen. Zuletzt spazieren wir über unerwartet geräumiges Gelände auf die **Braunarlspitze**.

Die Wanne bei der Lägerzun-Jagdhütte, im Hintergrund der Hochberg.

44 Übers Allmakreuz nach Radin

2.15 Std.

Wo sich drei mächtige Gebirge begegnen

Ganz in der Nähe der auf der Sonnenseite des Klostertals versammelten Brazer Ortsteile treffen drei urgewaltige Gebirgsgruppen zusammen. Von Norden schiebt sich das abweisende Gemäuer des Lechquellengebirges heran, Teil der Nördlichen Kalkalpen. Die ins Montafon abzweigende Talfurche trennt das kristalline Verwall vom kalkalpinen Rätikon, beide zu den Zentralalpen zählend. Inmitten dieser ernsten Umgebung reizen geselligte Viehweiden den Genießer zu einem beschaulichen, kleinen Ausflug.

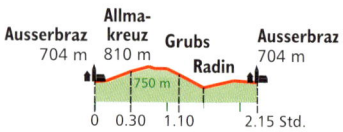

Ausgangspunkt: Braz im Klostertal, Bahnhof in Ausserbraz (Stadt Bludenz), 704 m; Parkplatz.
Höhenunterschied: 230 m.

Anforderungen: Gut beschilderte Feld- und Wirtschaftswege, kurzer Pfad. Leichte Steigung.
Einkehr: Keine.

Wir schlendern vom Bahnhof in **Ausserbraz** auf den Felsdom des Roggelskopfs zu, bis die Beschilderung »Allmakreuz« durch die Bahnunterführung und auf ein verkehrsfreies Sträßchen weist, das an einem von der Gamsfreiheit kommenden Bergbach hinauf zur Parzelle Brazer Winkel leitet. Dort dirigiert uns die gelb-weiße Markierung auf den Römerweg. Der Feldweg quert unter den schroffen Südabstürzen des Lechquellengebirges ein Weidegebiet, gegliedert von Baumgruppen, Einzelbäumen und Büschen. Und schon taucht zwischen zwei Schwarzpappeln das **Allmakreuz** (810 m) auf, eine stille Andachtsstätte. Der Bummelkurs verflacht sich bald unter der auffallend horizontal geschichteten Felsstruktur des Stierkopfs und fällt leicht

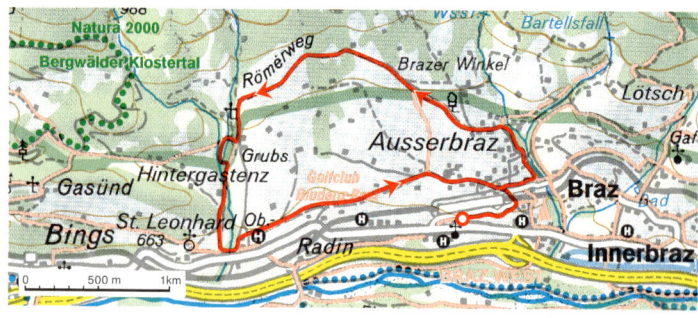

über die Brazer Allmeinwiesen zur Bludenzer Parzelle Grubs. Mit dreimaliger Querung einer Bachrinne bringt uns ein Pfad hinunter nach **Radin** (650 m), ebenfalls einem Ortsteil von Bludenz. Das Täfelchen Außerbraz weist über die Brücke der alten Talstraße. Abseits des Verkehrs wandert man auf einem Wirtschaftsweg zum Golfplatz, wobei man am Haus Nr. 5 rechts abbiegt. Nach einem erholsamen Spaziergang treffen wir wieder in **Außerbraz** ein. Ist der Tag noch jung, bietet sich vom benachbarten **Innerbraz** eine zweite kleine, allerdings deutlich anstrengendere Erkundungstour über die Bödener Magerwiesen zum prächtigen Masonwasserfall an.

Über dem äußeren Klostertal bei Radin lenkt der Stierkopf den Blick auf sich.

45 Roggelskopf, 2284 m

9.15 Std.

Der pfiffige Turm des Klostertals

Diese kernige Individualistentour auf eine der prachtvollsten Gestalten des Lechquellengebirges mit Traumrundblick erfordert am Gipfel Gewandtheit und einen geschulten Blick für die richtigen Griffe und Tritte.

Ausgangspunkt: Braz, Bushaltestelle an der Abzweigung zum Schwimmbad, 695 m; Parkplatz am Schwimmbad.
Höhenunterschied: 1650 m.
Anforderungen: Meist gut bezeichnete Steige, kurzer Ziehweg. Längere anstrengende Aufstiege. Leichte Kletterei (I+) über teilweise ausgesetzte, schuttbedeckte Steilstufen. Nur bei zuverlässigem Wetter für Geübte mit Kondition, nicht bei Nässe oder Nebel, Steinschlaggefahr!
Einkehr: Keine.

Der Aufstieg beginnt in **Braz** bei der Bushaltestelle an der Abzweigung zum Schwimmbad. Ein stilles Sträßchen führt am Fratigabach bergauf und über die Bahnbrücke zur Parzelle Gafreu. Dort zweigt Richtung Malasch ein Pfad ab, der bald auf einem Holzsteg das Bachufer wechselt zur Tafel »Rosengarten«, kurz vor den Höfen von Lötsch.
Der Masonweg, ein Ziehweg und später anstrengender Zickzacksteig, schwingt sich empor zu Lichtungen mit dem Brunnen Malasch unter dem Weißen Rößle.
Nach einem kleinen Erholungsabschnitt, über uns die Pitschiköpfe, mühen wir uns, Runsen und Schutthänge querend, durch die Krummholzzone zu einer Grasschulter oberhalb eines breiten Wandabbruchs. Der Tiefblick zählt zu den schönsten im gesamten Klostertal. Unmittelbar vor uns setzt sich der erhabene Roggelskopf in Szene. Allmählich führt der nun völlig fla-

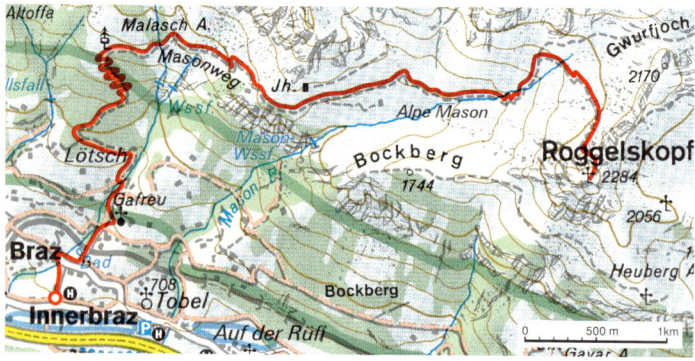

Der Roggelskopf von den spärlichen Weideböden des Masonvorsäß.

che Kurs über die nicht besonders fetten Weideböden des ein Stück unter uns gelegenen Masonvorsäß hinein in eine riesige Hochwanne.
Nach längerem, wieder steileren Aufstieg am Fuß des Schafbergs verlässt man noch vor dem Gwurfjoch die Hauptroute auf dem weniger strengen, blass und sparlich markierten, erst südöstlich, ab einer Mulde südlich abschwenkenden Steig. Eine knackige Geröllflanke zieht sich hinauf zum Fuß der Nordwestflanke unseres stolzen, mit leichter Kletterei aufwartenden Ziels. Nun heißt's in aller Ruhe und Besonnenheit ans Werk gehen. Die Schlüsselstelle der folgenden, leider schuttgefüllten Rinne ist ein kleiner, aber nahezu lotrechter, mit Drahtseilen etwas entschärfter Abbruch (I+). Dieser setzt genauso wie der Schlussaufstieg zum **Roggelskopf** über teilweise schuttbedeckte Platten große Achtsamkeit voraus.

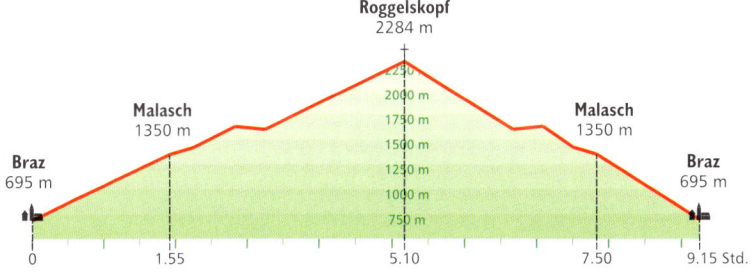

46 Gavarvorsäß, 1314 m

Sportliche Alpwanderung zu aussichtsreicher Höhenterrasse

Auf einer muldenförmigen und baumfreien Hochterrasse unter dem Roggelskopf verlockt das Gavarvorsäß zu einer kurzweiligen, stillen und recht romantischen Halbtagestour über Alpmatten und durch Bergwald. Die wechselnden Ausblicke zu den Gipfeln im Verwall und Rätikon muss man sich allerdings erst durch ein paar knackige Zwischenspiele erkaufen.

Ausgangspunkt: Dalaas, Bahnhof, 940 m; Parkplatz.
Höhenunterschied: 430 m.

Anforderungen: Gut bezeichnete Güter-, Ziehwege, Steige. Längere Steilaufstiege.
Einkehr: Keine.

Wir richten uns am Bahnhof in **Dalaas** nach dem Wegweiser »Mason« und gehen über die Fußgänger-Bahnbrücke. Ein Güterweg quert den Bergbach des Sandtobels. Nach dem Furten des Hölltobelbachs zieht sich ein Wanderweg am Waldrand bergauf zur Parzelle **Mason** (1025 m).
Der geteerte Güterweg Richtung Gavaralpe gewährt nun einen ansprechenden Tiefblick auf den oberen Ortsteil von Dalaas mit der Arlbergbahn. Nach einer Kuppe fällt unsere Route über Bergwiesen zu den Häusern von **Hintergant** (1020 m). Danach wird auf einem Ziehweg der Bach des Schmiedetobels überschritten. Durch Wald und über kleine Weidelichtungen steigen wir erneut bergan. Der stimmungsvollen Ausstrahlung dieses verschwiegenen Bergwinkels vermag man sich nur schwer zu entziehen.

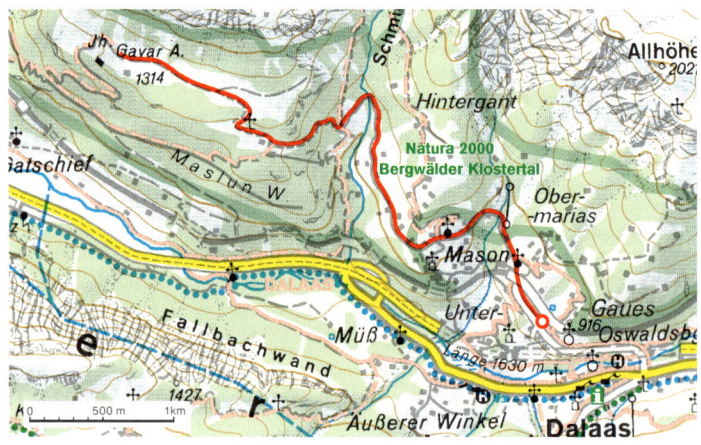

Am stillen Weg nach Gavarvorsäß.

Beim Maisäß Römerkeller überlistet ein selten begangener und mitunter schweißtreibender Alpsteig den Steilhang zu dem auf einer Geländestufe liegenden **Muthermaisäß** (1220 m). Jenseits des Klostertals erkennt man die Lawinenverbauungen am Itonskopf.

Das jetzt ansetzende schmale Steiglein treibt uns nochmals ordentlich den Schweiß auf die Stirn. Erst das letzte Stück, am Rand einer lang gezogenen Weidemulde, lässt uns wieder aufatmen. Wir schwenken in einen Ziehweg ein und erreichen kurze Zeit später nach einem kaum nennenswerten Höhenverlust am Ende der Hochmulde das **Gavarvorsäß**, wo der Güterweg von Braz endet. Die Aussicht reicht bis hinaus zum Walgau und in die Berge des westlichen Rätikons mit dem Schesatobel.

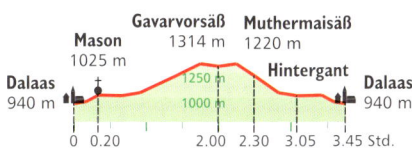

47 Jagdhaus »Auf der Säge«, 1386 m

3.00 Std.

Zum Grillen in den Dalaaser Gemeindewald

Bergurlauber, die nach Dalaas kommen, was so viel wie talaus bedeutet, haben in der Regel keine spektakulären Gipfelziele im Sinn. Sie suchen vielmehr Ruhe und Erholung. Diese finden sie auf den köstlichen Schleichwegen beiderseits des zum Arlberg verlaufenden Klostertals. So zum Beispiel in dem gegen den Kristbergsattel emporziehenden Dalaaser Gemeindewald.

Ausgangspunkt: Dalaas, Bushaltestelle am Kristbergsaal, 844 m; Parkplatz.
Höhenunterschied: 540 m.
Anforderungen: Gut beschilderte Güter- und Forstwege, kurzer Pfad. Mäßig steiler Anstieg.
Einkehr: Keine.

In der Alpenregion Bludenz blühen noch die schönsten Kräuterwiesen.

Der Wanderwegweiser »Kristbergsattel« lenkt beim Kristbergsaal in **Dalaas** auf ein verkehrsfreies Bergsträßchen. Am Südrand des Lechquellengebirges besticht das schneidige Felstrapez des Roggelskopfs. Vom Ortsende winden sich geteerte Güterwegschleifen über die duftenden Wiesenhänge hinauf. Hinter Braz öffnet sich das Klostertal in den Walgau.

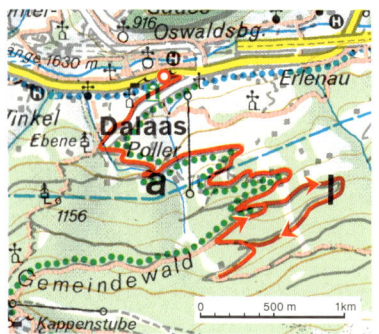

Im Dalaaser Gemeindewald löst ein Forstweg die Teerfahrbahn ab. An einer Gabelung entscheiden wir uns für die Karraböden-Forststraße. Immer wieder ergeben sich traumhafte Taltiefblicke. Auf der völlig unbekannten, komfortablen Route gewinnt man dennoch rasch an Höhe. In der Nähe eines rauschenden Bergbachs erreicht man das gepflegte **Jagdhaus »Auf der Säge«** mit kleiner Solaranlage.

Ein Reich des Schweigens, bestens geeignet zum Nachdenken. Aus einem Holzbrunnen plätschert das klarste Gebirgswasser, und wer rein zufällig ein paar Würstchen oder ein saftiges Steak und etwas trockenes Brennholz im Rucksack mit sich führt, der kann hier sogar den gemauerten Grill in Betrieb nehmen. Lediglich den Abfall muss man wieder zu Tal tragen, aber der wiegt ja auch kaum etwas.

Auf dem Rückweg lassen wir uns von der rot-weißen Markierung den alternativen Pfadabstieg zeigen, der später wieder in den Forstweg vom Kristbergsattel einmündet. Dieser führt uns in Kürze zurück zum bekannten Weg, auf dem wir vergnügt hinunter nach **Dalaas** spazieren.

Während der Wanderung zum Jagdhaus »Auf der Säge« schaut man hinunter nach Dalaas, dem Hauptort des Klostertals.

48 Burtschakopf, 2244 m

5.45 Std.

Vor einsamer Verwallkulisse

Einen besonderen Blickfang gibt nach dem gemächlichen Aufstieg zu dem vorgerückten Verwallgipfel der Spullersee ab. Über dem hinteren Nenzigasttal ragt der mächtige Kaltenberg auf, um den sich die typischen, kaum je bestiegenen Verwallgestalten sammeln. Im Süden schimmern Firnfelder der Eisentalerspitzen und im Westen runden bei Bludenz die Rätikonspitzen das Vollkreispanorama ab.

Ausgangspunkt: Klösterle, Bergstation der Sonnenkopfbahn, 1841 m, Bushaltestelle in Danöfen; Parkplatz an der Talstation, 1000 m.
Höhenunterschied: 450 m im Aufstieg, 1290 im Abstieg.

Anforderungen: Gut bezeichnete Pfade, Steige, Güter- und Forstwege. Mäßige Anstiege und steile Abstiege. Bei Nebel und Nässe nicht empfehlenswert.
Einkehr: Bergrestaurant Sonnenkopf und in Klösterle (Abstecher).

Startpunkt ist die **Bergstation** mit dem Bergrestaurant Sonnenkopf, einem geschnitzten »Alpenzoo« und einem Alpenblumen-Lehrpfad. Das Täfelchen zum Burtschakopf zeigt uns die Richtung. Bereits oberhalb der Baumgrenze durchstreifen wir auf einem Pfad im Skiliftbereich in einem weiten Bogen unter dem Glatingrat die eigenwillige Hochmoorlandschaft mit den Namen Unter- und Obermurich.

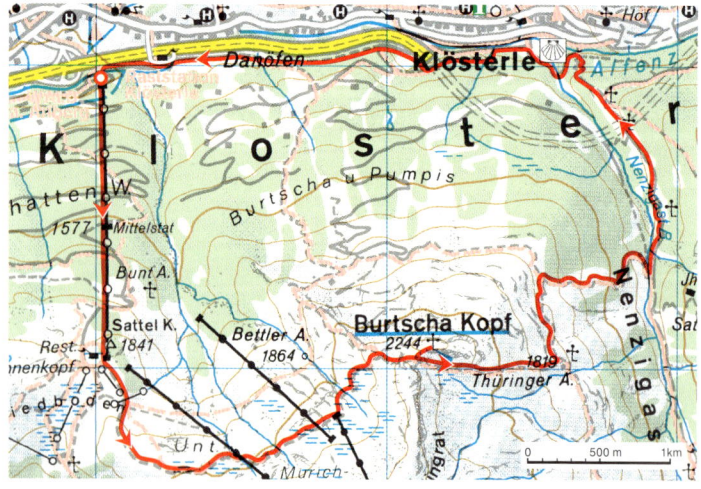

Der Burtschakopf ist einer der nördlichsten Verwallgipfel.

Unterbrochen von zwei Flachstücken steigt die Route leicht bergan. Jenseits des Klostertals begeistern die Felsgestalten des Lechquellengebirges. Unter uns eine Reihe von Lawinenverbauungen, geht es auf einem Steig hinauf in einen Sattel und in Kürze problemlos auf den **Burtschakopf**. Zurück im Sattel steigen wir auf dem Steig Richtung Nenzigasttal über Grashänge, geschmückt mit Alpenrosen, ab zur **Thüringer Alpe** (1819 m). Dort folgt unter dem Burtschakopf eine gemütliche Hangquerung, bevor es in Kehren steil durch Buschwerk, später durch Wald zur Nenzigastbrücke geht. Ein Güterweg leitet oberhalb des Bachs über Lichtungen talauswärts, bis ein Pfad abzweigt, der uns zum Ortsanfang von **Klösterle** (1060 m) bringt. Wir wählen nun den Eggaweg Richtung Danöfen. Der zwischendurch geteerte Forstweg wird anfangs von der Alfenz begleitet. Am Ortsende wandern wir unter der Arlberg-Schnellstraße hindurch und haben anschließend einen kleinen Gegenanstieg zu absolvieren. Nachdem der Weg wieder zu fallen beginnt, führt gleich hinter der Querung eines Bächleins ein Pfad bergab, zurück ans Bachufer. Man wechselt die Seite der Alfenz und gelangt auf einem Sträßchen zur **Talstation**.

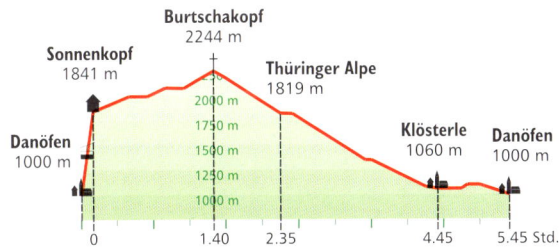

49 Spullersee, 1827 m

5.00 Std.

Malerischer Stausee über dem inneren Klostertal

Zugegeben, man kann den Spullersee auch schnurstracks mit dem Auto erreichen. Doch was in diesem Fall in der Erinnerung bleibt, ist in der Regel kaum mehr als der Parkplatz und der Norddamm. Zu sehr locken die Ravensburger Hütte und der Spuller Schafberg. Wieviel nachhaltiger wird der Eindruck sein, wenn man ganz unten beginnt, in der Talsohle des Klostertals, und Schritt für Schritt die einzelnen Vegetationsstufen durchsteigt. Dabei lernt man auch noch zwei geheimnisvolle Sturzbachtobel kennen und einen nicht alltäglichen Wanderweg, der den Spuren der alten Arlbergbahn folgt.

Ausgangspunkt: Klösterle, Bushaltestelle beim Tourismusbüro, 1073 m; dort Parkplatz.
Höhenunterschied: 810 m.

Anforderungen: Gut bezeichnete Steige und Ziehwege, zuletzt Wanderweg und Pfad. Längere steile Aufstiege.
Einkehr: Mit Abstecher in Danöfen.

Geht man vom Tourismusbüro in **Klösterle** ein ganz kleines Stück taleinwärts, weist das Schild »Oberer Wasserfall« zum Ausgang des Wäldeletobels. Ein Waldsteig leitet, anfangs im Zickzack, am Bergbach entlang und unter der Bahnbrücke hindurch Richtung Spullersee. Nach dem Kreuzen ei-

Spullersee bei Klösterle: Wanderziel für Genießer.

nes Güterwegs quert man unter der schroffen Blisadona den Bach und müht sich erneut in engen Windungen empor ins Rindertäli am Fuß der Rohnspitze. Gemütlich umrunden wir einen Latschenkopf und wandern durchs Schafloch, eine Einsattelung, zur **Grabsalpe** (1745 m). Am Oberlauf des Spreubachs entlang geht es daraufhin durch die Weidewanne namens Grabsboden. Im Westen ragt die Plattnitzer Jochspitze auf. Und schon betreten wir den Süddamm am **Spullersee**, über den ein Güterweg verläuft. Dem Nordufer entwächst der Spuller Schafberg.
Der Rückweg auf dem Ziehweg Richtung Danöfen bringt uns bei der Ditteshütte zurück in den Grabsboden.

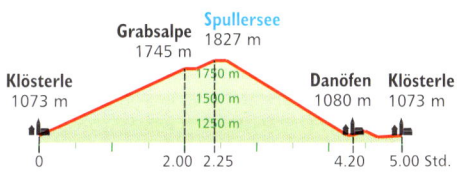

Oberhalb des Spreubachs passieren wir den Bösen Tritt, eine kleine, harmlose Felspassage, und spazieren durch die Krummholzzone talwärts. Im weiteren Verlauf gelangen wir mit zweimaliger Bachquerung durch den urigen Wildentobel zum Ortsbeginn von **Danöfen** (1080 m). Eine letzte Überschreitung des Spreubachs mittels eines Eisenstegs bringt uns zum Alten Bahndamm. Ein bequemer Wanderweg führt durch einen kleinen Tunnel zurück nach **Klösterle**, wo man zuletzt dem mit Sonnenweg ausgeschilderten Pfad folgt.

Östlich unseres Tourenziels lenken Goppelspitze und Roggalspitze (Hintergrund) den Blick auf sich.

Kaltenberghütte, 2089 m | 50

4.30 Std.

Ursprüngliches Bergrevier am Arlberg

Einer der prächtigsten Alpenvereinsstützpunkte in ganz Vorarlberg ist die Kaltenberghütte im Verwall. In mannigfaltigem Gepräge offenbart sich das Gipfelmeer des Montafons, dazu der erhebende Klostertaltiefblick – einfach zum Schwärmen.

Ausgangspunkt: Stuben (Gemeinde Klösterle), Bushaltestelle beim Hotel Post, 1400 m; Parkplatz.
Höhenunterschied: 710 m.
Anforderungen: Ausreichend beschilderte Steige, kleine Abschnitte auf Wander- und Fahrweg. Kurzer steiler Abschnitt.
Einkehr: Kaltenberghütte.

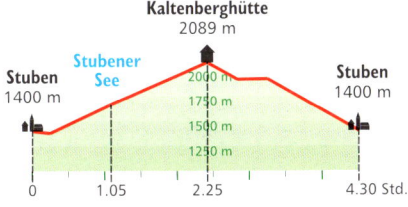

Vom Hotel Post in **Stuben** folgen wir dem Sträßchen über den Flexenbach, auch Stubenbach genannt, und beachten bei der Kirche den Wegweiser zur Kaltenberghütte. Auf einem Wanderweg talauswärts durch ein Weidegebiet queren wir erst den Rauzbach und kurz darauf den über die steile Bergflanke rauschenden Abfluss aus den hoch gelegenen Maroiseen. Der Rauzbach verbindet sich hier mit dem Stubenbach zur Alfenz. Jenseits des Klostertals beschäftigen uns die wild gezackten Grate zwischen dem Spullersee und der Flexengalerie.

Hinter einem Rastplätzchen mit zwei Felsentischen trägt uns ein Holzbrücklein über einen Sturzbach. An der Verzweigung nach einem Fischteich halten wir uns links bergauf. Der Weg verschmälert sich kurz darauf zum Steig. An der nächsten Gabelung weist uns die Bezeichnung »Kaltenberghütte« den etwas schweißtreibenden Aufstieg über den Krummholzgürtel zum kleinen **Stubener See** (1675 m) in mooriger Umgebung. Unter der Hochspannungsleitung hindurchgehend, lichtet sich das Gelände. Wir

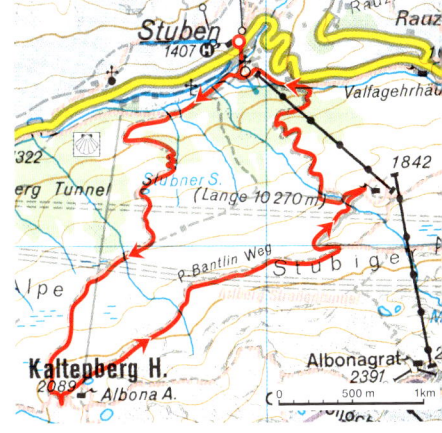

Fischteich am Aufstieg zur Kaltenberghütte.

kreuzen die Materialseilbahn und drei Bachläufe und bummeln gemütlich über aussichtsreiche Weideböden. Dann folgen letzte Grashänge zur **Kaltenberghütte**.
Für den Abstieg orientieren wir uns am Schild »St. Christoph – Baul-Bantlin-Weg« und wandern teils über Grashänge mit Zwergstrauch-Vegetation, teils über ein paar kleinere Bergbäche und Blockfelder. Vor uns die formenschönen Gipfel der südlichen Lechtaler Alpen um die Valluga. Wo unsere Route in einen Fahrweg mündet, folgen wir diesem in einer Kehre bergab zum auch im Winter geöffneten Albona-Restaurant. Dort lenkt der Wegweiser Richtung Stuben auf die Skitrasse. Wir kreuzen zwei Mal den Abfluss der Maroiseen und, durch Latschengassen schlendernd, nochmals die Hochspannungsleitung. In wenigen Windungen geht's über einen steilen Buschhang und unter dem Albona-Sessellift hindurch nach **Stuben**.

Aussicht auf den Erzberggrat (Lechquellengebirge) von der Kaltenberghütte.

Stichwortverzeichnis

A
Ahorn 90
Allmakreuz 110
Alpe Älpele 74
Amatschonjoch 38
Außerberg 20, 21, 27
Außerbraz 110
Äußere Alpila-Alpe 75
Äußere Parpfienzalpe 37
Auwald 67

B
Bad Rotenbrunnen 101
Biberacher Hütte 102, 103, 108
Blons 76, 77, 82, 84
Bludenz 12, 72
Bludesch 66, 67
Brand 24, 25, 34, 36, 38, 40, 41, 42, 44, 45, 46, 48, 50, 52, 56, 58, 60, 62, 64
Brandner Golm 38
Braunarlspitze 107, 109
Braz 112
Buchboden 84, 99, 100, 102
Bürs 20, 22, 24
Bürser Schlucht 22
Bürserberg 17, 26, 28, 30, 31, 32
Burtschakopf 118, 119

D
Dalaas 16, 114, 116
Danöfen 122
Dorfbahn 34, 36, 38, 40
Douglasshütte 58, 60, 62, 64

E
Eggen 41
Elsbachtobel 88, 89

F
Faludriga-Alpe 93
Frassenhütte 71
Frohe Aussicht 69
Fürggele 109

G
Gamsfreiheit 92, 93
Garfülla 92
Garlitt 95

Garsella 84
Gaßneralpe, Alpenheim 78
Gaßnerberg 76
Gavarvorsäß 115
Gehrenspitze 80, 81
Glingabrunnen 48
Grabsalpe 121
Großer Valkastiel 43
Guggernülli 91
Gurtinal 80

H
Hintergant 114
Hochgerach 74, 75
Hochkünzelspitze 104, 106
Hof 92
Hoher Frassen 71
Hüggenalpe 83
Hüttenkopf 74, 75

I
Innerbraz 111
Innere Parpfienzalpe 36, 38, 41
Innerpalüdalpe 39
Innertal 34, 48, 50, 54
Ischkarneialpe 103
Ischkarneifürggele 103

J
Jagdhaus »Auf der Säge« 116

K
Kaltenberghütte 123
Kasperles Maisäß 34, 40
Katzenköpfe 73
Kellaspitze 91
Kellenegg 45
Kesselfall 46
Klampera-Alpe 37
Klesenza-Alpe 99
Klösterle 118, 119, 120
Kloster-Maiensäß 24
Klostertal 14
Kreuzspitze 80, 81
Kuhloch 22

L
Lasanggabrücke 86
Laz 69
Lisi's Maisäß 34

Litehütte 108
Löffelspitze 82, 83
Loischkopf 37
Ludesch 67
Ludescherberg 68, 69
Lünersee 59, 62, 65
Lünerseealpe 58
Lünerseebahn 58, 60, 62, 64

M
Mannheimer Hütte 54
Marul 87, 88, 90, 92
Mason 114
Matona-Alpe 101
Melkboden, Berghof 48
Mondspitze 29
Mottakopf 57
Mottaköpfe 26, 27
Muthermaisäß 115
Muttersberg 71
Muttersbergbahn 70

N
Niggenkopfstüble 39, 40
Nonnenalpe 33
Nüziders 69

O
Obere Brüggelealpe 51
Obere Furkla 73
Obere Sonnenlagantalpe 56
Oberrain 78
Ober-Überlutalpe 102
Oberzalimhütte 51

P
Palüdhütte 39
Palüd-Maiensäß 49
Panüelerkopf 54
Plansottalpe 80, 81
Plattenbach-Wasserfall 27
Plazera 86

R
Radin 111
Raggal 68, 86, 88, 90, 92
Rappenköpfle 74
Rinderealpe 99, 100
Roggelskopf 112, 113

S
Säge 95
Sarotlahütte 43
Saulajoch 62
Saulakopf 62, 63
Schafgafall 65
Schäfis 80
Schäfiskopf 81
Schattenlaganthütte 46, 47
Schedlerhof 35
Schesaplana 60
Schesatobel 30
Schillerkopf 29
Schillersattel 29
Schnifis 74
Schnifisbergbahn 74
Schnifiserberg 75
Seeberg 94
Seewald 95
Seewaldsee 95
Sentumalpe 83
Sonntag 84, 94, 96, 98, 100, 102
Spullersee 120, 121
Spusagangscharte 55
St. Gerold 77, 80
Stafelfederalpe 91
Stein 96
Stein, Seilbahn 96
Steinbild-Grillplatz 96
Stuben 123
Stubener See 123

T
Tälispitze 78
Thüringen 67
Thüringer Alpe 119
Thüringerberg 76, 78
Tiefenseesattel 71
Totalphütte 60
Tschapina 30, 31, 32
Tschengla 27, 28

U
Untere Brüggelealpe 51
Untere Furkla 73
Untere Rona-Alpe 27
Untere Sonnenlagantalpe 56
Unterhutla-Alpe 99
Unterpartnomalpe 97
Unter-Überlutalpe 102
Unterzalimalpe 50

V
Valentschina 82

W
Walkenbach 82
Wandfluh 96, 97
Wangalpe 100
Wangspitze 100, 101

Z
Zugs 30

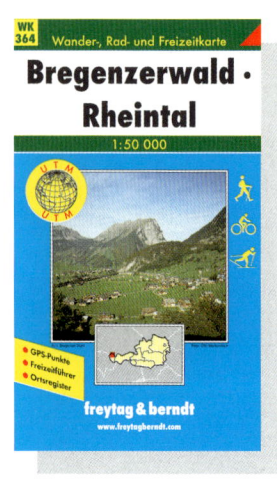 

Für die beschriebenen Touren empfehlen wir die Freytag & Berndt-Wanderkarten (Maßstab 1:50.000)

WK 364 Bregenzerwald – Rheintal

WK 371 Bludenz – Klostertal – Brandnertal – Montafon

WK 372 Arlberggebiet – Paznaun – Verwallgruppe

und die Autokarte (Maßstab 1:200.000)

Tirol – Vorarlberg

erhältlich in jeder Buchhandlung!